KB266998

예수님이 가르쳐 주신 여덟 가지 행복

예수님이 가르쳐 주신

여덟 가지 행복

正答 - 「八福」

좋은땅

황대섭 목사 지음

좋은땅

■ 서문

어느 날 친구의 일터에 갔더니 책상머리에 이렇게 써 놓았습니다.

행복!
Now and Here!

그렇습니다. 인간은 누구나 행복을 추구하고 있습니다.
또한, '행복을 추구할 권리'가 있습니다.
1776년 7월 4일 선포된 미국의 독립선언에는 '모든 인간은 평등하게 태어났고, 창조주는 양도할 수 없는 일정한 권리인 생명권과 자유권과 행복 추구권을 인간에게 부여했다.'
한국의 현행 헌법 10조에도 '모든 국민은 인간으로서의 존엄과 가치를 가지며, 행복을 추구할 권리가 있다'고 적시하고 있습니다.

그렇지만, 과연 '행복이란 무엇인가?'라는 질문을 던지면 공통된 답을 얻기란 그리 쉬운 일이 아닙니다.

친구가 정의한 '행복! Now and Here!'일 수도 있습니다.

인간은 한결같이 온전한 복을 갈망하고, 영원한 행복을 추구합니다.

그런데, 그렇게도 바라고 원하던 복을 얻고 보니 복이 되지 못하고 오히려 화가 되는 때도 많습니다. 부와 권력이 대표적입니다. 세상은 복이라 하지만 참 복이라 할 수 없습니다. 행복이 되지 못하기 때문입니다. 누구나 행복을 찾아 나서지만, 그 길을 제시하는 자가 없습니다.

과연 정답인 복, 탈이 없는 복, 시기 질투가 일어나지 않는 복, 박수받는 복, 무엇보다 진행형의 복이요 누리는 복으로 행복에 이르는 복은 없는 것일까요?

성경에 나오는 십계명은 건강한 상식의 소유자라면 신앙인이든 아니든 고상한 기치로 받아들입니다. 그 십계명은 '지킬 수 있다. 불가능한 계명이다.'를 뛰어넘어 탁월한 가치로 받아들이는 중요한 이유가 있습니다. 그것은 인간의 지혜나 합의로 만든 계명이 아니고, 모세가 하나님으로부터 받아 하나님의 자기 백성인 유대 백성들에게 선포한 계명이기 때문입니다.

마찬가지로 8복은 인간이 주관적으로 설정한 복이나 행복이 아닙니다. 하나님과 일체이신 예수님이 이 땅에 오셔서 따르는 자들, 장차 되어질 자기 백성에게 직접 가르치신 복입니다. 8복은 시공을 뛰어넘는 영원한 복입니다. 고상한 가치의 복이요 누리는 행복입니다.

구약성경의 십계명은 하나님이 친히 일러준 계명으로 모든 율법의 근간입니다.
신약성경의 8복은 예수님이 친히 가르쳐 주신 복으로 모든 행복의 원천입니다.

8복은 예수님이 가르치신 '행복론'입니다.
'마음이 가난한 사람들은 행복하다. 하늘나라가 그들의 것이다.'(현대인의 성경. 마 5:3)

하나님이 주시는 복이야말로 근심이 없는 복입니다. 하나님이 인도하는 복이어야 지속적인 복이 됩니다. 누리는 복이고 진행형의 복으로 참 행복이 되는 것입니다.

(잠 10:22) 여호와께서 주시는 복은 사람을 부하게 하고 근심을 겸하여 주지 아니하시느니라

그렇습니다. 추구하는 복을 누가 설정하느냐에 따라 복의 결과는 달라집니다.

복은 정의자에 따라 가치가 나누어지고 있습니다. 스스로 설정

한 복은 자신을 기준으로 한 복입니다. 추구하기 위해 찾아 올라가 지만 성취하고 보면 후유증이 나타나기도 하고 심지어 화가 되기 도 합니다. 그 이유는 타락한 인간의 탐욕인 지배욕과 소유욕에 이 끌리기 쉽기 때문입니다. 행복도 지배하고 소유하는 것에 있다고 착각합니다. 오해입니다. 정답이 되지 못합니다.

그러나 알려 준 복, 가장 가까운 예로 자라는 자녀에게 부모가 권유하는 복, 그를 가장 잘 아시는 부모님이 인도하시는 복이야말 로 그에게 꼭 맞는 복이 될 수 있습니다. 마찬가지로 인간을 창조 하신 하나님으로부터 알려주신 복은 얻게 되면 참 복이 됩니다. 계 시로 알려준 복은 위로부터 내려온 복으로 시공을 초월한 복이요 행복이 됩니다. 예수님이 정의한 복은 진정한 복입니다. 상황에 따 라 변하지 않고 영구한 복으로 행복이 됩니다.

8복은 신약의 십계명 같은 금과옥조요 참 복음입니다.

8복은 복의 새 개념이고 새로운 가치 기준이며 영원히 누릴 복입 니다.

예수님을 따르는 제자가 될 때 바뀔 복의 개념이고 그들의 정체 성이 됩니다,

복을 받았다 하는데 주변에서는 입을 삐쭉거립니다. 그러나 8복은 주변에서 시기 질투가 없고 박수받는 복입니다. 그들도 도전하게 만드는 복입니다. 영적 복이요 천상의 복입니다. 하나님의 백성들이 영원히 누릴 변함없는 행복입니다. 곧 천국입니다. 8복의 첫 번째와 마지막은 모두 영원한 복 천국 복으로 소개하고 있습니다.

하나님으로부터 택함 받은 백성들이라면, 고난이 계속되는 이 땅에서도 행복을 맛보고 살아갈 수 있도록 예수님은 친히 천상의 복 같은 8복을 가르치셨습니다.

8복은 '행복론'입니다. 갈등 많은 세상 가운데서도 8복은 참 행복의 길입니다. 집단적인 것이 아니고, 철저히 개인적인 것으로 심령의 복이요 곧 행복감입니다. 소유의 복이나 존재의 복이 아니고 상태의 복으로 누리는 복인 행복입니다.

참으로 복된 자란?
하나님이 주시는 복, 하나님이 허락하시는 복, 하나님이 인도하시는 복으로 충만한 자요, 예수님이 알려주신 복으로, 영속적이고 영원히 누리는 복이 되어 행복한 자입니다.

누구나 행복을 원하지만, '정답의 행복'을 찾지 못하는 세상입니다. 출제자가 나타나 정답을 제시하듯 예수님이 이 땅에 오셔서 친히 처음으로 가르치신 8복은 행복의 정답입니다. 이 8복으로 모두 모두가 행복을 누리는 축복이 있기를 소망합니다.

한국교회에 큰 영향력을 끼친 두 분 목사님의 설교집 '이렇게 되어라'(이동원. 나침반)와, '빈 마음 가득한 행복, 하늘 행복으로 살아가는 작은 예수'(옥한흠. 국제제자훈련원), 그리고 존 웨슬리 목사님의 '웨슬리가 전한 산상수훈', 존 스토트 목사님의 '산상수훈', 마틴 로이드 존스 목사님의 '산상설교'를 참고하였습니다.

저자는 산상수훈 중 8복을 중심으로 7년 이상 깊이 묵상하며 삶에 적용해 오고 있었습니다. 은퇴한 목사에게 하나님의 감동하심이 있어 주신 영감을 따라 숏폼 설교안(7분짜리 10편)을 준비하고 있었습니다. 그러던 중 필요에 따라 책으로 먼저 출간하게 되었습니다.

이 책의 가장 중요한 특징은 성경을 전제로 하여 연역적으로 기술하였습니다. 또한, 이 책은 공동체 안에서 함께 누릴 행복에 대하여 고민하는 분들과 영원하고 변치 않는 행복을 갈망하는 분들에게 바칩니다. 간절한 바람은 신앙 소개서로 나누어지기를 희망합니다.

1부는 예수님이 가르치신 여덟 가지 행복(8복)으로 이 책의 핵심입니다. 숏폼(7분) 설교를 위해 압축하여 준비한 설교안입니다. 장래 설교를 위해 유지하고 싶어 그대로 실었습니다. 풍성한 은혜를 보충하기 위해 최소한의 'Tip' 페이지로 묵상할 수 있는 살을 붙였습니다. '내가 길이요 진리이다.' '나는 세상의 빛이다.'고 선포하신 말씀대로 예수님이 가르치신 복으로 복의 원천 삼아 힘든 세상에서 행복한 삶을 열어가는 정답의 열쇠가 되기를 소망합니다.

2부에서는 누구나 행복을 원하지만 유한한 인간의 한계들을 근원적으로 접근해 보았습니다. 인간이 주도하는 역사발전과 8복을 묶어 평소에 깊이 묵상하던 주제들을 다룸으로 하나님이 내신 극복의 길을 찾아보고자 했습니다. 묵상은 설교를 만드는 출발점입니다. 묵상 없는 설교는 우수한 논문은 될 수는 있어도 진정한 설교가 되지 못할 수도 있습니다. 설교의 배경이 된 묵상을 폭넓게 기술함으로 시공의 한계가 있는 설교를 이해하도록 돕고자 했습니다.

3부에서는 누구나 그렇게 갈망하는 행복으로 초대하는 길목을 구체적으로 소개했습니다. 이 세상에서 가장 지혜자였던 솔로몬이 인생경영을 마감하면서 한 고백이 있습니다. '헛되고 헛되도다.(전 1:2)' '일의 결국을 다 들었으니 하나님을 경외하고 그의 명령들을 지킬지어다 이것이 모든 사람의 본분이니라.(전 12:13)' 그의 마지막 말을 되새기며, 행복신호등의 파란불을 맞아 독자 모두가 행복으로 마음껏 달려가시기를 기대해 봅니다.

부디 예수 안에서 행복하시기를 기도합니다. 아멘.

■ 책을 쓰게 된 구체적 동기와 목적

한 교회에서 평신도로 10년, 장로로 10년, 목사로 20년, 각기 다른 모습으로 한 교회를 40년 섬기다가 정년 은퇴한 목사입니다.

목회를 시작하면서 서원하기를 '은퇴하면 교회를 떠난다.' 당연한 일이겠지만 막상 40년 출석하던 교회와 단절하고 나니 망망한 광야가 펼쳐졌습니다. 첫 주일을 맞자 당장 어떤 교회에 가서 예배하지, 주일에 내가 해야 할 일은 무엇이지 막막했습니다. 더욱이 가족들은 광야 한복판에서 그것도 낭떠러지에서 뚝 떨어져 엉엉 울고 있었습니다.

목회은퇴로 평생 함께한 교회를 떠난 후, 2년이 지나가면서 어느 날 '하나님 나를 한 번만 더 써 주세요.' 하는 삼손 같은 기도가 시작되었고 1년여 기도하던 중 아래 열거한 구체적 목적들이 떠올라 펜을 잡기 시작했습니다. 그런데 막상 시작하고 보니 하나님은 은퇴 후 3년여간 묵상하며 정리한 자료들로 이미 다 준비해 놓았음을 발견하고 너무 놀랐고 감격했습니다. 1년 동안 그저 편집하고 그 후 1년 동안은 살을 붙이고 숙성시키며 마감하게 되었습니다. 책을 쓰게 된 구체적 목적은

    예수님이 가르쳐 주신 여덟 가지 행복

첫째. 회개하는 맘으로

제가 은퇴를 앞두고 설교 안까지 준비해 놓고 하지 않은 설교가 있습니다. 그 설교 제목은 '참 많이 죽였습니다.'입니다. 신학에는 정답이 분명하고 확실하지만, 신앙생활에서는 정답이라고 단언하기에는 미흡한 것들, 아주 지엽적인 것들, 거울로 보는 것같이 희미한 것들을 하나님의 뜻으로 단정하며 성도들을 실족(마 18:7)시킨 부분들이 많았음을 고백합니다. 욥과 욥의 세 친구처럼 회개하는 맘으로 이 책을 씁니다.

둘째. 한 번 더 마지막 설교를 하라 하시면

목회 중에 복음서의 첫 책인 마태복음 강해를 무척이나 하고 싶었습니다. 하지만 산상수훈의 고상함과 내가 신실하게 실천할 수 있을 것인가 때문에 설교하지 못하고 있었습니다.

그러던 중 옥한흠 목사님의 '빈 마음 가득한 행복-'이란 마태복음 강해를 읽게 되었습니다. 동병상련을 경험하고 도전받아 은퇴 전 2년간 60회에 걸쳐 강해하게 되었고 참 행복했었습니다.

특히 산상수훈과 그중에서도 팔복의 진리는 7년간(은퇴 후 4년 포함) 집중적으로 묵상하며 신앙 삶에 적용해 온 것입니다. 예수님이 목회자로 부른 저에게 한 번 더 마지막 설교를 명하신다면 이 행복을 반드시 전하고 싶어 책으로 내게 되었습니다.

셋째. 나에게 주신 은사를 생각할 때

나에게는 하나님이 주신 특별한 은사가 있습니다. 바로 깊은 묵상입니다. 남다르게 숲을 보게 하시는 통찰력입니다. 묵상은 인간의 심연을 파헤치는 사색과 구별되고, 무로 가려는 명상과 다릅니다. 하나님의 말씀을 바탕으로 한 깊은 묵상은 설교의 정제된 모습으로 나타납니다. 강해 분해가 아닌 묵상을 바탕으로 한 행복한 삶을 설교하고자 했습니다.

넷째. 사명 따라 소망의 나라로

하나님이 내게 주신 은사와 사명과 은혜를 덮을 수 없어 고민하던 중, 어느 날 '가르쳐(마 28:20)'라는 말씀으로 책망을 받고 묻어 두고 싶었던 것을 용기 내 보았습니다.

내 평생소원 이것뿐 주의 일 하다가 이 세상 이별하는 날 주 앞에 가리라는 찬송(450장)을 부르며, 덤의 생명에서 할 수 있는 것이란 무엇일까? 은퇴한 후 광야생활 상태에서 하나님 앞에 최선의 삶은 무엇일까? 3년 후 후회 없는 삶은 무엇일까? 기도하던 중 80세에 쓰임 받은 모세를 묵상하게 되었고, 80을 바라보면서 미국 대통령으로 도전하는 분들을 목격하면서 소망이 생겨났습니다.

다섯째. 은혜를 입어

은퇴와 함께 찾아온 가족의 아픔에서, 깊은 묵상으로 하나님께 더 가까이 나가게 되었습니다. 광야교회 생활하는 성도들이 많이 떠 올랐습니다. 그들을 위하여 기도밖에 도울 수 있는 것이 없었습니다. 고난 가운데 있는 그들에게 신앙 정체성을 더욱더 견고히 세워 주고 하나님의 완전하심과 변함없는 사랑을 알리고자 이 책을 썼습니다.

내게는 은사 못지않게 이론만으로 그칠 수 있는 용두사미형의 나약함이 있습니다. 나보다 나를 더 잘 아시는 하나님께서 환경을 통하여 채찍질하심으로 달음질하게 하셨습니다.

망망한 광야 생활 가운데서도 하나님은 생각지 않은 계기를 통하여 새로운 비전이 생기게 하셨습니다. 내가 가진 것이 무엇이지, 내가 잘하는 것은 무엇이지, 하나님이 나에게만 주신 은사는 무엇이지, 나의 남은 생에 주를 위해 할 수 있는 것은 무엇이지?

묵상 가운데 유튜브 숏폼 설교로 팔복을 준비하게 하셨습니다. 7-80% 완성단계에서 균형과 통일성을 갖출 필요를 느꼈습니다. 그래서 먼저 책으로 출간하게 되었습니다.

감사합니다.

■ 목차

1부

예수님이 가르쳐 주신 여덟 가지 행복

심령이 가난한 자는 복이 있다.

애통하는 자는 복이 있다.

온유한 자는 복이 있다.

의에 주리고 목마른 자는 복이 있다.

긍휼히 여기는 자는 복이 있다.

마음이 청결한 자는 복이 있다.

화평하게 하는 자는 복이 있다.

의를 위하여 박해를 받은 자는 복이 있다.

이스라엘이여 **너는 행복한 사람이로다** 여호와의 구원을 너 같이 얻은 백성이 누구냐 그는 너를 돕는 방패시요 네 영광의 칼이시로다 네 대적이 네게 복종하리니 네가 그들의 높은 곳을 밟으리로다(신 33:29)

들어가기

8복은 예수님이 선포한 '행복론'입니다.

'마음이 가난한 사람들은 행복하다. 하늘나라가 그들의 것이다.'(현대인의 성경. 마 5:3)

인간사에 언제나 누구나 추구하는 가치는 행복일 것입니다.

그럼에도 통일된 가치 설정에는 정답을 찾지 못하고 있습니다. 그래서 누구나 행복을 추구하지만 진정한 행복이란 무엇인가라는 질문에는 선뜻 답을 얻지 못하고 있습니다.

8복은 인간이 설정한 행복이 아닙니다. 하나님과 일체이신 예수님이 이 땅에 오셔서 직접 선포하시고 가르치신 복입니다. 그러므로 동서고금을 뛰어넘는 고상한 가치의 행복입니다.

8복의 복은 원어 (헬)'마카리오스'로 '행복'입니다. '복이 있도다. 심령이 가난한 자는 행복한 존재다.' 예수님으로 구원받은 자, 구원받을 자가 가지는 복으로 하나님과의 관계 안에서 나오는 복입니다. 소유가치가 아닌 존재가치입니다. '나는 복된 존재다'라고 선포할 수 있는 정체성이 세워집니다. 행복에 젖어 있는 상태의 행복론입니다.

8복의 복은 행복을 찾으려는 인간에게 행복의 가치를 바꾸어 줍니다. 행복의 표지판입니다. 예수 닮으려는 거룩한 성품의 모본입니다. 육적 가치에서 영적 가치로 전환입니다. 차원이 다른 행복한 삶의 길잡이입니다. 예수처럼 되어 행복하라. 누구나 갈망하는 행복의 본질입니다. 십자가의 길이요 살리는 길입니다. 모두 모두의 행복을 만듭니다.

8복의 복은 '하나님께 바친다'는 의미가 있습니다. 축복은 블레싱(blessing)이린 단어로 세사에서 유래되었다 합니다. 하나님께 드림은 참 행복입니다. 비교가치가 절대가치로 전환됩니다. 시기 질투가 없는 화평으로 나의 행복 너의 행복, 너의 행복 나의 행복이 됩니다.

8복의 복은 다른 사람을 섬김과 헌신의 의미가 있습니다. 자식을 낳아 기른다는 것은 수고이지만 섬김이고 헌신입니다. 오늘날 자식 낳지 않음이 행복이라 착각합니다. 자식을 낳아 길러보면, 고생이 따르지만 다른 것으로는 경험할 수 없는 행복을 맛봅니다. 창조

섭리는 번성의 복입니다. 헌신과 섬김은 행복입니다. 인간은 공동체 안에서 공동체 일원으로 살아가야 합니다. 8복은 공동체를 살리고 공동체 행복이 구성원 모두의 행복이 되도록 합니다.

8복의 복은 외형적 복이 아닌 내면적 복입니다. 환경에 의존하지 않고 내면에 흐르는 샘 근원입니다. 누리는 복이요 행복감입니다.

8복의 복은 물질적 복이 아니고 인격적 복입니다. 그리스도를 닮아 가는 자의 복입니다. 내가 어떠한 사람이 되느냐로 인도합니다. 영적 복이고 영구한 복이며 화가 없는 복입니다. 새로운 복의 가치를 경험하는 순간입니다. 8복은 참 행복의 원천이 되는 것입니다.

8복은 균형 잡힌 복으로 신학이 다루는 주제들을 모두 내포하고 있습니다.

성경은 '우리가 여호와를 알자 힘써 여호와를 알자'(호 6:3상)고 말씀하십니다. 하나님을 보다 깊이 알려고 접근하는 것이 신학입니다. 신학은 균형 잡힌 신앙으로 인도하고 바른 신앙에 도움을 줍니다. 신학에는 6가지 핵심주제가 있습니다.

8복 중 첫째 복은 '신론'적이고, 둘째-셋째 복은 '인간론', 넷째-

다섯째 복은 '기독론', 여섯째 복은 '구원론', 일곱째 복은 '교회론', 여덟째 복은 '종말론'적입니다.

의에 대하여는 넷째 복과 여덟째 복에서 두 번 다루고 있습니다. 정답이 없는 세상 가운데 지향할 목표요 이루어질 가치입니다. 천국에 대하여도 첫째와 여덟째 복에서 말씀하십니다. 첫째 복은 지상 천국 복이라면, 여덟째 복은 영원한 천국에서 누릴 복인 것입니다.

어떤 분이 건강의 복은 받았는데 재물의 복이 없습니다. 또 어떤 분은 재물의 복은 받았는데 누리는 복이 없습니다. 이 모두는 치우친 복이요, 편중된 복으로 진정한 축복은 아닙니다. 예수님이 선포한 8복은 균형 잡힌 복으로 통일성을 가진 참 복이요 행복입니다.

예수님이 알려 주신 8복은 예수님을 영접하여 구원받은 백성이나 장차 예수님을 영접하여 구원받을 백성들이, 고난이 수반되는 이 지상에서도 천국같이 행복하게 사는 비결입니다.

8복은 신약의 십계명 같은 금과옥조요 참 복음입니다.
복의 새로운 정의이고 예수님의 제자가 될 때 복의 새로운 가치 기준입니다. 영원히 누릴 복이고 예수님을 따르는 자들의 정체성이 됩니다.

영적 복이요 천상의 복입니다. 하나님의 백성들이 영원히 누릴 변함없는 행복은 천국입니다. 그래서 8복의 첫 번째와 마지막 복은 모두 영원한 복, 천국 복으로 소개합니다. 그러나 택함 받은 백성들이 이 땅에서도 이 행복을 맛보고 살 수 있도록 예수님은 친히 천상의 복 같은 8복을 가르쳐 주셨습니다. 8복은 행복론입니다. 힘들고 눌린 세상 가운데서도 8복은 참 행복의 길입니다. 집단적인 것이 아니고, 철저히 개인적인 것으로 심령의 복 곧 행복감입니다. 소유의 복이나 존재의 복을 뛰어넘어, 상태의 복으로 누리는 복 곧 행복입니다.

할렐루야!

성령님의 도움으로 이 복을 모두가 받아 누리는 축복 곧 행복이 있기를 예수님의 이름으로 기도합니다. 아멘.

1장
첫째 복 – 심령이 가난한 자는 행복하다

(마 5:3) 심령이 가난한 자는 복이 있나니 천국이 그들의 것임이요

어떤 분이 새 차를 샀습니다. 넓은 집으로 이사 가게 됐습니다. 승진했습니다. 큰 재물을 얻었습니다. 자식이 잘됐습니다. 그 소리에 주변에서 다 복을 받았다 합니다.

그런데 정작 본인은 시큰둥합니다. 아직 외제 차도 아닌데요, 강남에 살지도 못하는데요, 임원도 안 됐는데요.

그러던 분이 어떤 계기로 마음의 변화가 일어나 욕심과 탐심과 정욕을 내려놓습니다. 소유를 좀 비우고 기득권을 포기하기 시작했습니다. 행복이 시작되었습니다.

예수님이 선포한 첫 번째 복된 자는 심령이 가난한 자입니다.

    예수님이 가르쳐 주신 여덟 가지 행복

(사 66:2) 나 여호와가 말하노라 **내 손이 이 모든 것을 지었으므로** 그들이 생겼느니라 **무릇 마음이 가난하고 심령에 통회하며 내 말을 듣고 떠는 자** 그 사람은 내가 돌보려니와

첫째. 심령이 가난한 자란 심령에 창조주를 시인하는 '심령의 변화자'입니다.

인간은 타락하여 거룩을 잃어버림으로 하나님을 보지 못하게 되었습니다. 그러나 하나님은 인간을 사랑하셔서 창조주를 잊지 못하도록 안전장치를 해 놓았습니다. 창조하신 만물에 보여 하나님이 없다 핑계하지 못하게 하셨다(롬 1:20)고 합니다.

여러분! 경이로운 대자연 앞에 서 본 적이 있습니까?
'창조주는 위대하다'는 내면에서 울려 퍼지는 양심의 소리를 들어본 적이 없습니까?

대자연을 대해 보면 감격과 감탄과 환희가 나옵니다. 힐링이 됩니다. 타락으로 양심이 화인을 맞아서 외식함으로 거짓말하는 자들이(딤전 4:2) 되었지만, 자연을 통하여 자신의 내면에서 울려 퍼지는 양심의 소리를 듣게 하셨습니다.
대자연 앞으로 나아가면 창조주를 고백하게 됩니다.

그럼에도 육신을 가진 인간은 영이신 하나님을 만나지 못해 갈급합니다. 하나님은 심령이 가난한 자에게 창조주를 만나게 해 주셨습니다. 예수님을 만남으로 창조주를 만나게 되는 은혜의 길을 열어 주셨습니다.

'나를 보는 자는 나를 보내신 이를 보는 것이니라(요 12:45)'

심령이 가난한 자란 예수님을 통하여 심령에 정직이 회복되고 창조주를 고백하게 됩니다. 범사에 창조주를 인정하게 됩니다. 하나님을 경외하는 자가 됩니다. 창조세계를 대할 때마다 그 경이로움에 '할렐루야'로 환호하는 자가 됩니다.

(시 32:11) 너희 의인들아 여호와를 기뻐하며 즐거워할지어다 마음이 정직한 너희들아 다 즐거이 외칠지어다

들꽃 하나를 보고도, 영롱한 이슬 한 방울을 보고도 감탄이 나옵니다. 내 모습이 너무 아름답고 신묘불측함에 감격합니다. 세상 가운데 하나밖에 없는 걸작품임을 깨달아 늘 감사가 나옵니다.

행복의 출발점은 심령이 가난한 자로서 창조주를 인정하는 데서부터 시작됩니다. 심령이 가난한 자가 되면 에덴동산의 기쁨과 즐거움이 회복되고 치유가 일어나게 됩니다. 하나님 나라가 소유된

자입니다. 천국이 저희 것입니다. 행복한 삶이 시작됩니다.

둘째. 심령이 가난한 자란 겸손한 자가 되어 창조주가 온 만물의 운행자라고 고백합니다. 자기 인생도 하나님께 맡기게 되어 행복해집니다.

(전 7:29) 내가 깨달은 것은 오직 이것이라 곧 하나님은 사람을 정직하게 지으셨으나 사람이 많은 꾀들을 낸 것이니라

인간은 에덴에서 마귀에 속은 후 많은 꾀를 냅니다. 이성이라는 지혜에 의존하여 바벨탑을 쌓으면서 하나님을 잊기 시작합니다. 도시공간으로, 인간의 문명 안으로 들어가면 하나님은 보이지 않습니다.

이 세상에서 가장 지혜롭고 온갖 부귀영화를 다 누려 본 솔로몬이지만 그가 인생을 마감하면서 '너는 청년의 때에 너의 창조주를 기억하라(전 12:1 상)'고 합니다.

인간은 성장하면서 힘과 지혜가 생깁니다. 교만해지기 시작합니다. 스스로 모든 것을 다 할 수 있다고 착각합니다.

한겨울 얼음이 언 저수지 위를 여러 사람이 걸어갑니다. 스님도 목사도 있었습니다. 갑자기 얼음이 우지직하며 갈라지는 소리가 납니다. 누구나 다 '아이고 하나님!' 외칩니다.

생사기로의 벼랑 끝에 서 보십시오. 전능자를 찾는 겸손한 자가 됩니다. 그는 하나님의 뜻을 우선하며 내 힘의 한계를 인정하게 됩니다.

(시 146:10) 시온아 여호와는 영원히 다스리시고 네 하나님은 대대로 통치하시리로다. 할렐루야

심령이 가난한 자란 겸손해져서 하나님을 만물의 통치자, 역사의 주관자로 고백합니다. 하나님을 우주만물의 통치자로 받아들인 자는 그분의 역사하심에 늘 '아멘' 하는 자 됩니다.

오늘도 해가 뜨고 짐에 감사하는 자가 됩니다.

밤하늘의 헤아릴 수 없는 별들이 질서정연하게 운행됨에 감탄합니다.

겸손해진 자는 내 힘으로 지구를 한 치도 움직일 수 없다는 것을 깨닫습니다. 핸들을 주께 맡기고 뒷좌석에 앉아 콧노래를 부르며 평안을 누리게 됩니다.

(시 37:5) 네 길을 여호와께 맡기라 그를 의지하면 그가 이루시고

심령이 가난하여 겸손해진 자는 자신의 인생도 하나님께 맡기는 의탁자가 됩니다. 창조주가 내 삶에 구체적으로 간섭하고 돕는 주권자임을 믿는 자가 됩니다.

(잠 3:5-6) 너는 마음을 다하여 여호와를 신뢰하고 네 명철을 의지하지 말라 너는 범사에 그를 인정하라 그리하면 네 길을 지도하시리라

만물의 운행자 앞에 겸손해지면 그분을 의지하고 인도하심에 따르고 맡기는 자가 됩니다. 범사에 감사가 넘치고 심령에 평강이 찾아와 천국을 소유한 자가 됩니다. 행복합니다.

끝맺음

심령이 가난한 자가 되면, 심령에 정직이 발동되고, 범사에 창조주를 인정하게 됩니다. 그는 겸손해져 전능자를 의지하게 됩니다. 하나님을 경외하는 자가 됩니다.

(전 12:13) 일의 결국을 다 들었으니 하나님을 경외하고 그의 명

령들을 지킬지어다 이것이 모든 사람의 본분이니라

하나님을 경외하는 자는 인간 본분을 회복합니다. 창조의 감격과 평안을 누립니다.

(롬 14:17) 하나님의 나라는 먹는 것과 마시는 것이 아니요 오직 성령 안에 있는 의와 평강과 희락이라

심령이 가난한 자는 하나님을 경외하는 자입니다.
그는 예수 그리스도를 영접하고 영생을 얻은 자입니다. 천국이 저희 것이 됩니다. 그는 현재의 삶 가운데서도 기쁨과 평안과 감사가 충만한 천국 삶이 시작됩니다.

심령이 가난한 자는 '할렐루야와 아멘'을 연발하는 자가 됩니다. 창조의 위대함 앞에 언제나 '할렐루야!' 찬양합니다. 하나님의 역사 앞에 언제나 예수님의 순종을 배워 '아멘' 하는 자가 됩니다.

천국이 열립니다. 천국 소유자가 됩니다.
현재의 삶에서부터 복된 인생, 행복한 인생이 시작됩니다.

할렐루야! 아멘!

심령이 가난한 자로 서지 못한
'공회원 니고데모와 부자 청년' 묵상하기

그런데 바리새인 중에 니고데모라 하는 사람이 있으니 유대인의 지도자라 그가 밤에 예수께 와서 이르되 랍비여 우리가 당신은 하나님께로부터 오신 선생인 줄 아나이다 하나님이 함께 하시지 아니하시면 당신이 행하시는 이 표적을 아무도 할 수 없음이니이다 예수께서 대답하여 이르시되 진실로 진실로 네게 이르노니 사람이 거듭나지 아니하면 하나님의 나라를 볼 수 없느니라 니고데모가 이르되 사람이 늙으면 어떻게 날 수 있사옵나이까 두 번째 모태에 들어갔다가 날 수 있사옵나이까 예수께서 대답하시되 진실로 진실로 네게 이르노니 사람이 물과 성령으로 나지 아니하면 하나님의 나라에 들어갈 수 없느니라 육으로 난 것은 육이요 영으로 난 것은 영이니 내가 네게 거듭나야 하겠다 하는 말을 놀랍게 여기지 말라 바람이 임의로 불매 네가 그 소리는 들어도 어디서 와서 어디로 가는지 알지 못하나니 성령으로 난 사람도 다 그러하니라 니고데모가 대답하여 이르되 어찌 그러한 일이 있을 수 있나이까 예수께서 그에게 대답하여 이르시되 너는 이스라엘의 선생으로서 이러한 것들을 알지 못하느냐 진실로 진실로 네게 이르노니 우리는 아는 것을 말하고 본 것을 증언하노라 그러나 너희가 우리의 증언을 받지 아니하는도다 내가 땅의 일을 말하여도 너희가 믿지 아니하거든 하물며 하늘의 일을 말하면 어떻게 믿겠느냐(요 3:1-12)

밤중 예수님을 찾은 공회원 니고데모는 심령이 가난한 자로 출발하였으나, 창조주를 인정하는 양심의 소리를 듣지 못했습니다. 결국, 심령이 가난한 자로 서는 일에 실패했습니다.

어떤 사람이 주께 와서 이르되 선생님이여 내가 무슨 선한 일을 하여야 영생을 얻으리이까 예수께서 이르시되 어찌하여 선한 일을 내게 묻느냐 선한 이는 오직 한 분이시니라 네가 생명에 들어 가려면 계명들을 지키라 이르되 어느 계명이오니이까 예수께서 이르시되 살인하지 말라, 간음하지 말라, 도둑질하지 말라, 거짓 증언 하지 말라, 네 부모를 공경하라, 네 이웃을 네 자신과 같이 사랑하라 하신 것이니라 그 청년이 이르되 이 모든 것을 내가 지키었사온대 아직도 무엇이 부족하니이까 예수께서 이르시되 네가 온전하고자 할진대 가서 네 소유를 팔아 가난한 자들에게 주라 그리하면 하늘에서 보화가 네게 있으리라 그리고 와서 나를 따르라 하시니 그 청년이 재물이 많으므로 이 말씀을 듣고 근심하며 가니라 예수께서 제자들에게 이르시되 내가 진실로 너희에게 이르노니 부자는 천국에 들어가기가 어려우니라 다시 너희에게 말하노니 낙타가 바늘귀로 들어가는 것이 부자가 하나님의 나라에 들어가는 것보다 쉬우니라 하시니 제자들이 듣고 몹시 놀라 이르되 그렇다면 누가 구원을 얻을 수 있으리이까 예수께서 그들을 보시며 이르시되 사람으로는 할 수 없으나 하나님으로서는 다 하실 수 있느니라(마 19:16-26)

영생에 대하여 질문한 부자 청년은 심령이 가난한 자로 출발하였으나, 인간의 꾀를 넘지 못했습니다. 재물 때문에 갈등하며 하나님의 주권을 인정하는 일에 실패한 자로 남게 됩니다.

그러므로 누구든지 이 어린 아이와 같이 자기를 낮추는 사람이 천국에서 큰 자니라(마 18:4)

(적용1) 현재 내 삶에서 중요하다고 생각하는 것 3가지만 구체적으로 나열해 보라.

아래 〈시 51:10〉을 읽고, 나의 발상과 목표, 삶과 행동, 결과와 반응에서 '하나님 중심인가? 내 중심인가?'를 점검해 보고 스스로에게 답해 보자.

1.

2.

3.

하나님이여 내 속에 정한 마음을 창조하시고 내 안에 정직한 영을 새롭게 하소서(시 51:10)

(적용2) 엄마 앞에 벌거벗고 목욕을 받으려는 세 살짜리 어린아이를 떠올려 보자. 나는 벌거벗은 모습으로 하나님 앞에 나아가 본 적이 있는가? 답해 보라.

나는 하루에 몇 번이나 코람데오 – 신전의식을 가지고 있는가? '심령이 가난한 자는 복이 있다'를 자주 묵상하며 신전의식을 늘리도록 훈련하자.

아래 〈마 10:26〉을 읽고 세상에는 비밀이 없다는 것을 인정하고 사람 앞에 숨긴 것이라도 하나님 앞에 다 토설하는 기도를 드리자.

그런즉 그들을 두려워하지 말라 감추인 것이 드러나지 않을 것이 없고 숨은 것이 알려지지 않을 것이 없느니라(마 10:26)

2장
둘째 복 – 애통하는 자는 행복하다

(마 5:4) 애통하는 자는 복이 있나니 그들이 위로를 받을 것임이요

낙망에 빠져서 울어본 적이 있습니까?

예수님이 두 번째 가르쳐 준 복은 애통하는 자가 복이 있다는 것입니다.

애통이란? 창자가 끊어지는 아픔을 말합니다. 실패, 좌절, 한계로 어찌할 수 없는 처절한 아픔, 슬픔, 비참함입니다.
이런 분에게 복이 있다 하면 아이러니합니다. 그러니 예수님의 복인 것입니다.

실패자의 특징이라면
맨 먼저 결과를 부인합니다. 그러다 분노하며 환경 탓, 남 탓하며 원망하기 시작합니다. 마지막으로 좌절하며 타협하려 합니다.

(나 아니야. 왜 하필 나야, 나만, 내게, 그렇게 기도했는데, 내 욕심 부린 것 아닌데…)

그러나 진정으로 애통하는 자는 원망, 비방, 남 탓, 환경 탓하지 않는 자입니다. 본인에게서 문제를 찾는 자입니다. 그래서 종국에 좌절에서 일어서는 자입니다.

애통하는 자는 되어도, 낙망자나 절망자가 되어서는 안 됩니다.

가장 중요한 것은, 인간은 누구나 애통할 수밖에 없는 처지임을 깨달아야 합니다.

우리는 작은 실패 때문에도 울고불고하는데, 인간의 삶 가운데 가장 큰 실패가 뭡니까? 가장 큰 실패는 '죽는 것'입니다.

죽음으로 인한 이별만큼 큰 아픔은 없습니다. 모두가 애통해합니다. 이 땅에서 성공했다 할지라도 잠시요 결말은 실패로 끝납니다. 그렇게 애써 모은 재산, 명예 다 놓고 떠나는 실패가 죽는 것입니다. 그래서 애통하지 않을 수 없고 애통하는 자가 됩니다.

바울사도는 이렇게 고백합니다.

오호라 나는 곤고한 사람이로다 이 사망의 몸에서 누가 나를 건
져내랴(롬 7:24)

타락한 이 세상의 삶은 1%의 승리자만 있습니다. 99%는 실패자
가 됩니다. 곧 99%는 애통하는 자가 됩니다.

1%의 승리자라 할지라도 작은 한 분야뿐입니다. 다른 영역에서
는 99%에 해당합니다. 실패자로 애통할 수밖에 없습니다.

우리 모두는 눈앞에 닥칠 애통을 모르고 희희낙락합니다.

그러나 반드시 애통을 맛보게 될 것입니다. 불현듯 죽음이 닥치
듯 말입니다.

그래서 지혜자 솔로몬은 권합니다. "초상집에 가는 것이 잔칫집
에 가는 것보다 나으니 모든 사람의 끝이 이와 같이 됨이라 산 자
는 이것을 그의 마음에 둘지어다."(전 7:2)

**인간은 왜 이렇게 애통해야만 하는 실패자의 신분으로 전락 되었
습니까?**

최초의 인간 아담 하와가 타락했기 때문입니다. 인류의 가장 큰
실패가 됐습니다. 그 결과 인류 모두는 실패자요 죄인이 되었습니

다. 사망에 이르게 된 것입니다.

모든 사람이 죄를 범하였으매 하나님의 영광에 이르지 못하더니 (롬 3:23)
죄의 삯은 사망이요(롬 6:23 상)

타락 후 탄생한 인간들은 모두 실패자의 신분이 되었습니다. 이 세상 삶도 모두 실패로 귀착될 수밖에 없습니다. 비참한 존재가 되었습니다.

실패할 수밖에 없는 '비참한 존재'요 '죄인'임을 깨닫는 자는 진심으로 애통하는 자가 됩니다. 회개하게 됩니다. 그러면 복된 자가 됩니다. 하나님 나라가 도래됩니다. 행복이 시작됩니다.

하나님으로부터 위로의 음성을 듣는 귀가 열려지기 때문입니다. 그 위로의 음성만이 실패에서 날마다 다시 일어서게 합니다. 할렐루야!

예수님의 수제자가 된 베드로가 있습니다.

그는 원래 갈릴리호수에서 뼈가 굵은 베테랑 어부요 건장한 어부였습니다. 밤새 고기 잡다가 허탕 치고 실패자로 뭍에 나왔을 때 예수님을 만납니다.

예수님의 인도로 실패한 바다로 다시 나갑니다.

예수님의 지시로 그물을 던졌습니다. 단 한 번에 두 배를 채우는 기적을 경험합니다.

베드로는 무릎을 꿇고 '주여 나를 떠나소서 나는 죄인이로소이다'(눅 5:8 하) 고백합니다.

그때 예수님께서 베드로를 위로합니다. '이제 후로는 네가 사람을 취하리라'(눅 5:10 하)

원래 나는 무익한 자입니다. 가치 없는 존재입니다. 애통하는 자는 나의 한계를 인정합니다. 나는 실패자의 죄성인 정욕과 탐심이 가득한 자입니다. 그는 스스로 죄인임을 고백합니다.

그 비참한 상황이 위로의 음성을 듣게 합니다. 실패자였으나 다시 일어섭니다.

한나의 애통이나, 시글락에서 울 기력조차 없는 다윗의 애통이 그랬습니다. 십자가상에서 라마 사박다니 왜 나를 버리셨나이까 하는 예수님의 애통이 그랬습니다.

애통하는 자에게 – 어떤 위로의 음성이 들려질까요?

첫째. 누구나 실패가 있다.

　목적은 온전했나? 과정은 신실하고 성실했나?

둘째. 지금 네 때가 아니다.

　그릇이 커져야 한다. 더 준비해야 한다.

셋째. 너에겐 그 옷이 안 맞아.

　다른 길이 있다.

두려워하지 말라 내가 너와 함께 함이라 놀라지 말라 나는 네 하나님이 됨이라 내가 너를 굳세게 하리라 참으로 너를 도와 주리라 참으로 나의 의로운 오른손으로 너를 붙들리라(사 41:10)

모세는 바로 왕궁에서 왕자의 자리에 있었지만 실패자였습니다. 광야로 쫓겨나 40년간 애통하고 있었습니다. '모세야 모세야 네가 선 곳은 거룩한 땅이니 네 발에서 신을 벗으라'(출 3:4-5)

위로의 음성을 듣습니다. 하나님께 이끌리어 이스라엘 백성의 인도자로 세워집니다.

우리 모두가 진정으로 들어야 할 위로의 음성이 있습니다. '내가

너를 사랑한다'입니다.

하나님이 세상을 이처럼 사랑하사 독생자를 주셨으니 이는 그를 믿는 자마다 멸망하지 않고 영생을 얻게 하려 하심이라(요 3:16)

마귀는 너를 실패자로 만들었지만, 예수님은 너를 살리려 왔다. 믿고 영접하라. 위로의 음성 듣고 믿음으로 다시 일어서는 복된 인생 되시기를 기원합니다. 아멘.

(시 37:24) 그는 넘어지나 아주 엎드러지지 아니함은 여호와께서 그의 손으로 붙드심이로다

가장 큰 실패는 사망입니다. 그러나 예수님을 영접하면 살아납니다. 애통하는 자란 타락된 신분임을 인정하는 자입니다. 주의 재림을 기다리는 자입니다. 그때까지 절대로 낙심하거나 포기하지 않고 인내하며 이겨 나가는 삶을 사는 자 됩니다.

근본적으로 실패할 수밖에 없음을 깨닫고, 죄인임을 고백하며 애통하는 자는 주님의 위로가 날마다 함께합니다. 실패 가운데도 언제나 다시 일어납니다. 사망 권세를 깨고 일어납니다. 행복한 인생이 됩니다. 할렐루야.

타락이란?

　하나님과 같이 되려는 간교한 꾐에 빠져 절대평가가 비교평가로 바뀐 상태입니다. 절대주권으로 부여한 정체성을 망각함으로 하나님과의 관계단절을 의미합니다. 절대주권이 상대주권화 된 것입니다. 비교 능력주의는 경쟁사회를 탄생시켰고, 모두에게 애통이 잉태되었습니다.

　타락이란 하나님과 단절로 질서, 순리, 평강이 깨어진 상태입니다. 하나님과 이웃 관계뿐 아니라, 환경과 자기 내면에까지 미치게 된 것입니다. 타락 후 탄생한 인류는 모두가 죄인이 되었고 모든 실패의 정점인 죽음에 이릅니다. 사망 권세 아래 놓이게 되었고 애통하는 자가 되었습니다. 행복을 잃어버렸습니다.

'다윗의 처절한 애통' 묵상하기

1. 시글락에서 울 기력이 없을 만큼 애통했습니다.

다윗과 그의 사람들이 성읍에 이르러 본즉 성읍이 불탔고 자기들의 아내와 자녀들이 사로잡혔는지라 다윗과 그와 함께 한 백성이 **울 기력이 없도록 소리를 높여 울었더라**(다윗의 두 아내 이스르엘 여인 아히노암과 갈멜 사람 나발의 아내였던 아비가일도 사로잡혔더라) 백성들이 자녀들 때문에 마음이 슬퍼서 **다윗을 돌로 치자** 하니 다윗이 크게 다급하였으나 그의 하나님 여호와를 힘입고 용기를 얻었더라(삼상 30:3-6)

2. 아들 압살롬의 반역으로 피난길에서 처절한 애통에 빠집니다.

왕이 이르되 스루야의 아들들아 내가 너희와 무슨 상관이 있느냐 그가 저주하는 것은 여호와께서 그에게 다윗을 저주하라 하심이니 네가 어찌 그리하였느냐 할 자가 누구겠느냐 하고 또 다윗이 아비새와 모든 신하들에게 이르되 내 몸에서 난 아들도 내 생명을 해하려 하거든 하물며 이 베냐민 사람이랴 **여호와께서 그에게 명령하신 것이니 그가 저주하게 버려두라**(삼하 16:10-11)

왕의 마음이 심히 아파 문 위층으로 올라가서 우니라 그가 올라갈 때에 말하기를 내 아들 압살롬아 내 아들 내 아들 압살롬아 차라리 **내가 너를 대신하여 죽었더라면,** 압살롬 내 아들아 내 아들아 하였더라(삼하 18:33)

애통하는 다윗에게 임한 하나님의 위로와 격려는 전적으로 하나님을 의지하고 맡기는 사람으로 만듭니다. 청년 시절 골리앗 앞에서는 용감한 자로, 장년 시절 시글락에서 의분에 불타는 도전자로, 노년 시절 압살롬의 반역으로 피난길에서는 전적 순응자로 만들었습니다.

'요셉의 가슴 짠한 애통' 묵상하기

요셉은 하인들 앞에서 더 이상 정을 억제할 수가 없어 큰 소리로 명령하여 모든 하인들을 물러가게 하고 형제들에게 자기가 누구라는 것을 알렸는데 그때 그곳에는 자기 형제들 외에 아무도 없었다. 그러고서 요셉이 큰 소리로 울자 이집트 사람들은 그가 우는 소리를 들었으며 또 그 소문은 바로의 궁전에까지 전해졌다. 요셉이 형들에게 "나는 요셉입니다. 아버지께서 아직 살아 계십니까?" 하자 형들은 그 말을 듣고 너무 놀라 대답을 하지 못하였다. 그때 요셉이 형들에게 "나에게 가까이 오십시오" 하자 그들이 가까이 다가갔다. 그래서 요셉이 그들에게 이렇게 말하였다. "나는 형님들이 이집트에 판 동생 요셉입니다. 형님들이 나를 이 곳에 팔았다고 근심하거나 한탄하지 마십시오. 하나님께서 우리 가족을 구하시려고 나를 형님들보다 먼저 이 곳에 보내셨습니다"(현대인의 성경. 창 45:1-5)

요셉은 어려서 아버지의 총애 때문에 형제들의 시기를 받아 어린 나이에 애굽으로 팔려 가 부모 형제와 생이별하고 살았습니다. 그러나 애굽에서 성장하여 그 나라 총리가 됩니다. 뜻하지 않은 환경으로 형제들이 애굽으로 찾아와 상봉하는 장면입니다. 함께 가슴을 찢는 요셉의 애통과 환희를 묵상해 봅시다.

요셉의 형제들은 아버지가 죽은 후에 "만일 요셉이 지금까지 우리에게 앙심을 품고 우리가 그에게 행한 일에 대하여 복수를 한다면 어떻게 할까?" 하고 요셉에게 이런 전갈을 보냈다. "당신의 아버지가 돌아가시기 전에 당신에게 이런 말을 전하라고 우리에게 지시하셨습니다. '네 형들이 너에게 악한 짓을 했을지라도 이제 너는 그들의 잘못을 용서해 주어라.' 그러니 이제 당신도 당신 아버지의 하나님의 종들인 우리를 용서해 주십시오." 요셉은 그 전갈을 받고 울었다. 그리고 그 형들이 직접 와서 요셉 앞에 엎드려 "우리는 당신의 종들입니다" 하자 요셉이 그들에게 말하였다. "두려워하지 마십시오. 내가 하나님을 대신할 수 있겠습니까? 형님들은 나를 해치려고 하였으나 하나님은 그것을 선으로 바꾸셔서 오늘날 내가 많은 사람의 생명을 구할 수 있게 하셨습니다. 그러니 형님들은 조금도 두려워하지 마십시오. 내가 형님들과 형님들의 자녀들을 보살펴 주겠습니다." 이와 같이 요셉은 따듯한 말로 그들을 안심시켰다(현대인의 성경. 창 50:15-21).

화평의 버팀목이라 생각했던 아버지의 죽음으로 인간적 불안에 떠는 형들을 보며 요셉은 애통하고 있습니다. 인간의 연약성 앞에 가슴을 찢는 요셉의 애통을 묵상해 봅시다.

(적용1) 애통할 수밖에 없었던 일들을 구체적으로 세 가지만 써 보라.

1.

2.

3.

혹시 그때에 '하나님의 절대 주권'을 인정하며 내려놓은 후 다시 일어난 적이 있는지 점검해 보라. 있다면 간증문을 써 보라.

(적용2) 당신은 지금 애통할 수밖에 없는 형편에 처해 있는가? 아래 〈히 12:1-3〉을 읽고 예수를 바라보고 십자가를 생각하며 하나님의 위로로 이기도록 하나님의 도움을 요청하는 기도문을 써 보고 기도하는 시간을 가져 보자.

이러므로 우리에게 구름 같이 둘러싼 허다한 증인들이 있으니 모든 무거운 것과 얽매이기 쉬운 죄를 벗어 버리고 인내로써 우리 앞에 당한 경주를 하며 믿음의 주요 또 온전하게 하시는 이인 예수를 바라보자 그는 그 앞에 있는 기쁨을 위하여 십자가를 참으사 부끄러움을 개의치 아니하시더니 하나님 보좌 우편에 앉으셨느니라 너희가 피곤하여 낙심하지 않기 위하여 죄인들이 이같이 자기에게 거역한 일을 참으신 이를 생각하라(히 12:1-3)

3장
셋째 복 – 온유한 자는 행복하다

(마 5:5) 온유한 자는 복이 있나니 그들이 땅을 기업으로 받을 것임이요

인생이란?

나그네 삶이고 청지기 삶입니다.

(벧전 4:10) 각각 은사를 받은 대로 하나님의 여러 가지 은혜를 맡은 선한 청지기 같이 서로 봉사하라

인간의 이 세상 삶은 잠시 머물다 가는 나그네 삶입니다.
내 것이 없고 맡아 관리하다 떠나는 청지기의 삶입니다.

내 인생도 생명도 내 것이 아니고, 자녀도 내게 맡겨 준 것입니다(요셉의 고백). 내게 있는 일터도, 대통령직이라 할지라도, 내 재

산도, 모두 맡겨 준 것입니다. 우리는 목숨도 내 것이라 하지 말고 선한 청지기로 맡은 책무를 다하며 사는 것입니다.

또한, 더불어 살아가도록 지음 받았습니다.

아담을 창조하신 하나님이 '혼자 사는 것이 좋지 아니하니'(창 2:18 중) 하와를 지어 배필이 되어 가족을 이루게 하셨습니다. 계속 자녀들이 번성하며 부족과 집단으로 발전하며 더불어 살게 만드신 것입니다.

모든 피조물은 사람과는 물론, 자연과도 더불어 사는 삶, 함께하는 삶, 공생하며 살아가도록 창조된 존재입니다.

사람들이 제일 좋아하는 말 세 마디 뭔지 아세요?

나는 네가 좋아
나는 네가 필요해
내 친구가 되어 주렴

더불어 살기 위해서는 겸양의 자세로 상대를 존중하고 수용하며 살아야 합니다. 존중과 인정, 수용과 용납, 관용과 포용으로 이웃

사랑 하며 살아야 합니다.

유능자는 하나만 같아도 내 편을 만들지만, 못난이는 하나만 틀리면 원수나 적으로 만드는 사람입니다(부부관계).

청지기로 더불어 살아가는 데 가장 필요한 것은 '온유함'입니다. 순리대로 순응하는 삶입니다.

첫째. 온유란, 그리스도의 품성으로 하나님 뜻에 순종하는 삶을 의미합니다.

많은 사람이 온유를 '성격이나 태도가 온화하고 부드러움'으로 이해합니다.

성경에서 말하는 온유는 헬라어로 '프리우스'입니다. 결심이나 수련을 통해 일어나는 태도나 성격의 변화가 아니라 그리스도인의 영적 상태를 가리킵니다.

신학자 아더핑크는 온유를 '하나님에 대해 자기 고집을 꺾는 것이며, 자신의 영혼 상태를 알고 통곡하는 자로서, 주님으로 인해 내 모습이 통제되는 상태'라고 합니다.

내 삶을 위임한 자, 절대 주권자를 인정하고 순종하는 자가 되어야 합니다. 성공도 실패도 내 뜻대로 할 수 없는 한계를 인정하는 자가 되어야 합니다. 그럼에도 맡겨진 것에 최선을 다하는 청지기로 살아가는 것입니다.

다윗의 망명 생활(삼하 16:10-11)이나 바울의 자족(빌 4:11)의 은혜를 배워야 합니다.

(빌 2:8-11) 사람의 모양으로 나타나사 자기를 낮추시고 죽기까지 복종하셨으니 곧 십자가에 죽으심이라 이러므로 하나님이 그를 지극히 높여 모든 이름 위에 뛰어난 이름을 주사 하늘에 있는 자들과 땅에 있는 자들과 땅 아래에 있는 자들로 모든 무릎을 예수의 이름에 꿇게 하시고 모든 입으로 예수 그리스도를 주라 시인하여 하나님 아버지께 영광을 돌리게 하셨느니라

온유하셔서 죽기까지 복종하신 예수님께 하나님은 모든 권세를 위임해 주셨습니다.

둘째. 온유란, 겸손과 일치합니다. 하나님 은혜로 이웃을 배려하며 더불어 사는 삶입니다.

(마 11:29 상) 나는 마음이 온유하고 겸손하니 나의 멍에를 메고 내게 배우라

청지기인 인간은 세상에서 살아갈 때 예수님의 교훈을 따라 온유와 겸손으로 멍에를 메고 서로를 존중하며 더불어 살아가야 합니다. 정복이나 진멸이 아닌 온유함으로 함께 공존하기를 힘써야 합니다.

온유한 삶이란 세상 사는 동안 청지기임을 깨닫고 수직적으로는 위탁자, 주인인 하나님의 뜻을 따라 겸손하게 순종하는 삶이고, 수평적으로는 더불어 살아가는 이웃과 자연을 대할 때 예수님의 멍에를 메고 먼저 존중하며 수용하고 살아가고, 다음으로 관용으로 용납하며 살아가는 것입니다.

이런 자, 곧 변화된 자에게 땅을 기업으로 주신다고 약속하셨습니다.

온유한 자는 땅을 기업으로 받는 행복이 수반됩니다.

지상의 모든 사람이 가장 갈망하는 땅. 그 축복일까요?

여기서 땅이란 – 토지의 개념을 뛰어넘는 포괄적 의미가 있다고 할 수 있습니다.

'지경'으로 땅의 범위요, '지평'으로 지식과 정보의 넓이요, '관계의 범위'로 축복의 통로입니다. 도우려는 사람이 나타나고 우군이 많아집니다. 제일 중요한 것은 '영역'으로 영향권입니다. 선한 통치권입니다.

(민 12:3) 이 사람 모세는 온유함이 지면의 모든 사람보다 더하더라

모세는 이집트왕궁에서 40년간의 삶은 온유하지 못했던 삶이었습니다. 그러나 광야로 내몰려 40년간 고난의 시간을 통과한 후 온유한 자로 만드셨습니다.

하나님은 마음이 온유해진 모세에게 하나님의 백성 이스라엘을 이끌게 하십니다. 그는 위임자, 선한 통치자로 세워지는, 영역을 기업으로 받게 됩니다.

끝맺음

(벧전 2:11) 사랑하는 자들아 거류민과 나그네 같은 너희를 권하노니 영혼을 거슬러 싸우는 육체의 정욕을 제어하라

위임된 인생을 살 때 생명도 건강도 자식도 재산도 내 것이라 하

지 말고 위탁자인 하나님의 뜻을 따라 청지기로서 겸손히 순종과 온유함으로 사는 것입니다.

묶어 준 이웃과 더불어 살아갈 때 내 주장대로 하지 말고 남을 나보다 낮게 여기며 서로를 존중하는 온유로 대할 때 지경을 넓혀 주십니다.

절대 주권자를 인정하고 자신은 청지기임을 받아들일 때 예수님을 본받아 그 사명을 온유로 감당하려 몸부림칠 때 땅을 기업으로 받아 지경이 넓혀지게 됩니다.

축복의 통로와 선한 영향력이 확대됩니다. 하나님의 나라가 도래된 자입니다. 행복이 시작되었습니다.

그뿐만 아니라 새 땅을 유업으로 받는 천국 소유자가 됩니다. 그는 범사에 감사하며 행복한 인생을 살게 됩니다.

할렐루야!

(적용1) 아래 〈마 11:28-30〉을 읽고 예수님의 멍에는 무엇이고 예수님의 온유가 무엇이라고 생각하는지 구체적으로 써 보라. 내가 현재 처해 있는 갈등이 있다면 이 멍에를 메고 온유로 이기려는 고백을 써 보자.

수고하고 무거운 짐 진 자들아 다 내게로 오라 내가 너희를 쉬게 하리라 나는 마음이 온유하고 겸손하니 나의 멍에를 메고 내게 배우라 그리하면 너희 마음이 쉼을 얻으리니 이는 내 멍에는 쉽고 내 짐은 가벼움이라 하시니라(마 11:28-30)

(적용2) 아래 〈히 11:24-26〉을 읽고 모세는 어떻게 온유한 자가 되었다고 생각하는지 써 보라. 나도 현재의 갈등상황을 온유의 훈련 장으로 생각하는 내 자세를 구체적으로 나열해 보라(예. 변명하지 않기).

믿음으로 모세는 장성하여 바로의 공주의 아들이라 칭함 받기를 거절하고 도리어 하나님의 백성과 함께 고난 받기를 잠시 죄악의 낙을 누리는 것보다 더 좋아하고 그리스도를 위하여 받는 수모를 애굽의 모든 보화보다 더 큰 재물로 여겼으니 이는 상 주심을 바라봄이라(히 11:24-26)

4장
넷째 복 – 의에 주리고 목마른 자는 행복하다

(마 5:6) 의에 주리고 목마른 자는 복이 있나니 그들이 배부를 것임이요

선뜻 이해하기 어려운 복입니다. 그런데 8복 중 '의'에 관하여 두 번이나 나옵니다.

우리는 의에 대한 선견이나 선지식으로 편견에 빠져 있기 때문에 의를 바로 이해하지 못합니다.

'세상의 의'로 '정의다. 공평이다' 하지만 모두 치우침이 없을 수 없습니다. '인간이 설정한 의는 정의, 법'이라 하지만 '이쪽의 의는 산 넘어 의'가 아닐 수 있습니다. 법을 따라 행하지만, 선택적 정의를 배제할 수는 없습니다. 적용의 한계를 인정할 줄 알아야 옳은 것이고 겸손한 사람입니다.

망팔의 유명작가가 친구 초상집에 다녀와서 쓴 글이 생각납니다. 인상적인 대목이 있습니다. 이 세상에는 없는 것이 셋이 있다는 것입니다.

첫째는 정답이 없다. (겸손하게 살자는 것입니다.)
둘째는 비밀이 없다. (신실하게 살자는 것입니다.)
셋째는 공짜가 없다. (성실하게 살자는 것입니다.)

저도 칠십을 넘어서 이 진리를 바로 터득했습니다. 사람들은 '자기가 하는 것이 정답이다. 의롭다.' 착각하고 무례히 행할 수 있습니다.

우리는 옳다고 생각할 때 최선을 다해야 합니다. 그러나 '이것이 완전한 정답이다, 정의다'라고 단언하지는 말아야 합니다. 겸손히 '최선을 다했습니다' 하는 것이 옳을 것 같습니다.

인간은 사회 유지를 위해 의를 설정합니다. 도덕으로, 법으로(사회계약설). 그러나 최선일 뿐 완전하지도 최상의 결정도 아닙니다. 세상에는 정답이 없습니다.

민주주의의 다수결 원리나 선거제도는 최후의 대안일 뿐입니다. 재판이 정의를 세우는 일이라고요? 사형 선고 후 20년이 지나 보니 무죄입니다.

(전 3:16) 또 내가 해 아래에서 보건대 재판하는 곳 거기에도 악이 있고 정의를 행하는 곳 거기에도 악이 있도다

시험제도도 대안일 뿐입니다, 성적순, 정답입니까?

성경은 일찍이 선포합니다.

(롬 3:10-12) 기록된 바 의인은 없나니 하나도 없으며 깨닫는 자도 없고 하나님을 찾는 자도 없고 다 치우쳐 함께 무익하게 되고 선을 행하는 자는 없나니 하나도 없도다

그러나 '하나님의 의'를 만나면 치우침이 없고 온전한 의가 됩니다.

(잠 8:8) 내 입의 말은 다 의로운즉 그 가운데에 굽은 것과 패역한 것이 없나니

인간이 세운 의로는 치우침을 극복할 수 없다는 것을 알아야 합니다. 깨닫는 자는 '하나님의 의'에 목말라하게 됩니다.

하나님의 의는 성경을 통하여 알 수 있습니다.

가장 대표적인 것 한두 가지만 살펴보자면, 첫째는 '서로 사랑하라(요 13:34)'는 것입니다. 새 계명으로 주셨습니다. 다음으로는 '살리는 데 초점을 맞추어라(요 8:4 간음한 여인, 막 3:3 손 마른 사람).'입니다. 우리는 짐승같이 죽이는 데만 너무 혈안이 되어 있습니다.

예수님은 의에 대하여 정의하셨습니다.

(요 16:10) 의에 대하여라 함은 내가 아버지께로 가니 너희가 다시 나를 보지 못함이요

참 의는 예수 그리스도로 말미암습니다. '십자가의 의'만이 참 의입니다. 살리기 위해 죽는 것이 '하나님의 의'입니다. 다섯째 복 긍휼에서 자세히 살펴볼 것입니다.

세상에는 정답이 없다는 것을 깨달은 자만이 의에 주리고 목말라 합니다. 참 진리는 없는가? 불변의 의, 시공을 초월하는 의란 없는 것인가? 갈급합니다.

인간은 진리를 찾고자 학문을 탐구합니다. 그러나 온전한 진리에 이르지 못합니다.

그러나 예수님은 선포합니다.

'내가 곧 길이요 진리요 생명'이라고(요 14:6 상).

성경을 통하여 '하나님의 의'를 만날 수 있습니다. 배부름을 누리게 됩니다.

우리는 인간의 지식이나 합의로 이루지 못하는 참 의를 갈망하고 목말라해야 합니다.

(롬 10:3) 하나님의 의를 모르고 자기 의를 세우려고 힘써 하나님의 의에 복종하지 아니하였느니라

인간의 의를 세우려 하나님의 의를 무너뜨리려는 우를 범하지 말아야 합니다. 불변의 의는 없는가? 하나님의 의를 발견하려 몸부림치는 자가 되어야 합니다. 진리를 발견하려고 목말라하는 자에게, 하나님은 말씀으로 생수를 공급합니다.

(요 4:14) 내가 주는 물을 마시는 자는 영원히 목마르지 아니하리니 내가 주는 물은 그 속에서 영생하도록 솟아나는 샘물이 되리라

내 선지식인 인간의 의는 정답이 아님을 깨닫고 하나님의 의를 갈망하는 자, 하나님의 말씀을 갈망하는 자만이 진리를 발견하고 배부름을 맛봅니다.

성경을 통해 진리를 발견하면 흡족하게 될 것입니다.

불변하는 하나님 의로 은혜 안에 머물게 됩니다. 겸손하게 되고 순종하게 됩니다. 모두를 살리는 삶을 추구합니다. 계명에 충실하여 원수도 사랑하게 됩니다.

피조물인 인간은 나름대로 자신이나 공동체 합의로 의를 세웁니다. 하지만 시간과 장소에 따라 참이 되지 못하는 한계가 있음을 알아야 합니다. 세상 의로는 불변의 의가 되지 못합니다. 세상에는 정답은 없습니다.

그래서 하늘의 의를 구해야 합니다.
하나님의 계시인 성경에서 일러 준 의에 갈급해야 합니다.

의에 주리고 목마른 자란 믿음의 사람입니다.

(롬 1:17) 복음에는 하나님의 의가 나타나서 믿음으로 믿음에 이르게 하나니 기록된 바 오직 의인은 믿음으로 말미암아 살리라 함

과 같으니라

오로지 우리는 예수님이시라면 어떻게 하실까? 기도하고 묵상해야 합니다. 말씀이 임하면, 하나님의 의로 배부름을 얻는 행복한 인생이 됩니다.

이 세상에는 정답도 온전한 의도 없다고 인정한 자(완료형)만이 완전한 의에 갈급합니다. 목말라합니다.

그는 비로소 하늘의 의, 성경이 일러 준 의로 갈증을 해소하고 하나님의 말씀으로 배부름을 맛보는 복된 인생이 되어집니다. 아멘.

'하나님의 의'란?

'하나님의 의' 요약

(요 16:10) 의에 대하여라 함은 **내가 아버지께로 가니** 너희가 다시 나를 보지 못함이요

사랑하며 화목하여 공존하는 것입니다.
십자가 지고 선으로 악을 이겨 나가는 것입니다.
살리고 보존하는 것입니다. 정복이나 진멸이 아닙니다.
살리기 위해 십자가를 지는 것입니다.

'하나님의 의'를 찾는 자란?
하나님의 말씀인 성경 안에서 진리 찾고자 몸부림치며 갈망하는 자입니다.

'하나님의 의'를 갈망하는 기도

세상에 정답이 없습니다. 내 주장, 내 고집, 내 신념. 다 부질없습니다. 세상의 판단, 재판, 법적 정의, 다수결의가 온전한 것은 아닙니다. 차선이요 할 수 없어 받아들이는 최저점입니다.

인간의 의, 특히 자신의 의로 다른 사람이나 세상을 잣대질하지 않게 도우소서

흔들림이 없고 변함이 없는, 회전하는 그림자도 없는 하나님의 의만을 갈망합니다. 십자가 '희생의 의' 그 사랑이, 섬기러 오신 예수님의 '겸손의 의'가 나를 주장하게 하옵소서. 지구가 멸망해도, 화성에 가도 진리로 통하는 '하나님의 의'를 갈망하고 주립니다.

판단자의 자리에 설 수밖에 없을 때 어떤 결론을 내어야 할 때 기도합니다. '하나님의 의'만이 진리입니다. 예수님이라면 이럴 때 어떻게 하시렵니까? '하나님의 의'를 제게 알려 주옵소서.

'하나님의 의'에 주리고 목마른 자 되어 진리의 심연으로 들어가 행복한 자 되게 하옵소서. 예수님의 이름으로 기도합니다. 아멘.

(적용1) 내가 정의라고 생각하는 것 두세 가지와 이 사회 공동체가 의라고 인정하는 것 두세 가지를 써 보라.

(적용2) 위에 나열한 의를 적용할 때 모순점이나 한계점을 써 보라. 세상에 정답이 없다는 것을 인정한다면 나는 어떻게 처신하는지 답해 보라.

의에 주리고 목마른 자는 복이 있다는 말씀을 되새기며 하나님의 의를 갈망해 본 적이 있는가? 말씀으로 구체화된 하나님의 의를 찾으려는 시도를 해 보라.

위(적용1)에 나열했던 의가 성경 안에서는 어떻게 해석하는지 유사한 사례를 찾아보자. 의를 내세우지만 살리는 데 목표를 두고 있는지 답해 보라.

예수께서 그들에게 이르시되 내가 너희에게 묻노니 안식일에 선을 행하는 것과 악을 행하는 것, 생명을 구하는 것과 죽이는 것, 어느 것이 옳으냐 하시며(눅 6:9)

5장
다섯째 복 – 긍휼히 여기는 자는 행복하다

(마 5:7) 긍휼히 여기는 자는 복이 있나니 그들이 긍휼히 여김을 받을 것임이요

세상에서 가장 불쌍한 사람이 있습니다.

첫째는 '순수한 사랑을 한 번도 받아 보지 못한 사람'입니다. 사랑이 어디 있어? 합니다. 바쁜 세상에 무슨 사랑 타령이야. 목적이 있어 사랑으로 위장하는 거지.

둘째는 '나는 사랑받을 자격이 없다 하는 사람'입니다. 자존감이 무너진 사람입니다.

셋째는 '나는 사랑하지 않겠다는 사람'입니다. 언젠가는 배신당할 테니까.

온 세상이 막막하고 숨이 막힙니다. 삭막하고 황량합니다.

예수님이 소개한 다섯 번째 복 있는 사람은 '긍휼히 여기는 자'라고 말씀하셨습니다.

긍휼이란 불쌍히 여기는 마음. 측은지심인데 섣불리 동정할 수는 있지만, 진정한 측은지심을 갖기란 그리 쉬운 일이 아닙니다.
흔히 말하는 사랑보다 더 가슴을 찡하게 하는 단어가 긍휼입니다. 전적인 아가페 사랑이라 할 수 있습니다.

그런데 이 긍휼은 인간의 몫이 아닐 수 있습니다.
타락한 인간에게서 찾기란 쉽지 않습니다. 은혜를 입은 자에게서만 솟아나는 마음입니다.

인간은 누구나 사랑받기를 원합니다. 그러나 누구나 사랑할 수 있는 것은 아닙니다. 사랑을 받아 본 사람만이 사랑할 수 있고, 사랑을 받고 자라야 사랑도 할 수 있습니다.

마찬가지로 긍휼도 긍휼히 여김을 받은 자만이 긍휼히 여길 수 있습니다. 긍휼히 여김을 받아 본 사람에게서만 다른 사람을 긍휼히 여기는 마음이 재생산됩니다. 한번 입혀진 긍휼의 마음은 피드백되는 힘이 매우 강력합니다.

그런데 그 출발점은 인간에게서가 아닙니다.

하나님으로부터 시작됩니다.

(롬 9:16) 그런즉 원하는 자로 말미암음도 아니요 달음박질하는 자로 말미암음도 아니요 오직 긍휼히 여기시는 하나님으로 말미암음이니라

긍휼함을 받는다. 이런 기회를 얻는 것은 행운 중 행운입니다. 온 인류가 이런 기회를 얻은 사건이 있습니다.

여러분. BC와 AD에 대해서 아시나요?

국가마다 연호를 쓸 때, 세종 몇 년, 명치 몇 년, 불기 몇 년 했는데 언제부터인가 온 인류는 올해가 2025년 하면 이것은 AD 2025년인 것으로 통일되었습니다.

BC는 before Christ로 예수님 오시기 전 몇 년 전이고, AD는 Anno Domini는 신의 나이 곧 예수님의 나이입니다. 예수님이 이 땅에 오신 이후의 연수를 말하는 것입니다.

예수님이 이 땅에 오신 사건은 온 인류에게 역사의 분기점이 되었습니다.

온 인류를 사랑하셔서 하나님이신 예수님이 우리 죄를 대속하기 위해 이 땅에 오셨기 때문입니다. 이것이 온 인류가 하나님의 긍휼을 입은 사건입니다.

(요 3:16) 하나님이 세상을 이처럼 사랑하사 독생자를 주셨으니 이는 그를 믿는 자마다 멸망하지 않고 영생을 얻게 하려 하심이라

예수님이 이 땅에 오신 것은 창조자 하나님이 죄 삯으로 죽을 인생에게 죗값을 치러 준 극치의 사랑으로 긍휼을 베푸신 사건입니다.

역사적으로는 2,000년 전 사건이지만, 현재의 시간에서도 누구나 그분을 영접하면 긍휼을 덧입는 순간이 됩니다. 하나님의 자녀가 되는 축복에 이릅니다.

(요 1:12) 영접하는 자 곧 그 이름을 믿는 자들에게는 하나님의 자녀가 되는 권세를 주셨으니

누구나 예수 그리스도를 인격적으로 영접하면 그 사랑을 맛보게 됩니다. 긍휼을 얻게 됩니다. 내 평생 노력으로 갚을 수 없는 대속의 은혜를 입게 됩니다.

스스로는 죄인의 신분에서 벗어날 수 없는 처지임을 인정할 때

긍휼을 체험할 수 있습니다. 죄인의 신분이 의인으로 변합니다. 하나님의 자녀가 되는 권세를 얻습니다.

비참한 처지에 있는 세상을 깨닫는 자요, 내 자신이 죄인임을 수긍하는 자입니다. 타락한 온 세상은, 고통이 늘 수반됨을 깨닫고 그리스도의 은혜를 사모하는 자입니다. 그 은혜를 아는 자만이, 세상을 향해 또한 긍휼의 마음을 가질 수 있는 자가 됩니다.

주기도문과 동일한 은혜입니다.

(마 6:12) 우리가 우리에게 죄 지은 자를 사하여 준 것 같이 우리 죄를 사하여 주시옵고

끝맺음

(시 32:1) 허물의 사함을 받고 자신의 죄가 가려진 자는 복이 있도다

인류역사상 가장 큰 긍휼은 그리스도의 긍휼입니다. 우리를 구원하기 위해 예수님이 십자가에서 죽으신 사건입니다. 오직 은혜의 사건입니다.

하나님의 아들이 하늘 보좌를 버리고 육신을 입고 인간이 된 사건이요 자신의 죄가 없음에도 십자가 대속의 은혜를 베푸신 사건입니다. 동서고금을 막론하고 이 지상에서 최대의 긍휼을 베푸신 사건입니다.

값없이 죄 사함 받았구나. 내가 어떻게 하나님의 양자가 되었단 말인가. 감격해 본 자만이, 긍휼의 마음을 깨닫게 되고 그 가치의 소중함을 무겁게 받아들입니다.

그리스도의 긍휼을 입은 자, 구원받은 자, 긍휼의 은혜를 덧입은 자에게서만 긍휼의 피드백이 일어납니다. 긍휼을 재생산할 수 있는 능력이 생깁니다.

구원받지 못한 영혼들에 대한 긍휼의 마음을 가집니다. 복음을 확산시키는 동력입니다. 공동체 구성원 모두를 돌봄과 고르게 합니다. 한 몸 된 공동체 구성원 모두를 살려 냅니다.

긍휼은 타락한 인간의 성품이 아닙니다.
오로지 하나님의 성품일 뿐입니다.

긍휼히 여기는 자란 본인이 의식하든, 의식하지 못하든 이미 긍휼함을 입은 자입니다. 그리고 긍휼함을 입은 자만이 할 수 있는 성품으로 바뀌어 다시 긍휼히 여깁니다. 긍휼의 은혜는 끊임없이 긍휼을 다시 재생산하는 하나님의 역사요 경륜입니다.

십자가의 은혜를 받은 자만이 할 수 있는 품성입니다. 그들을 통하여 원수까지도 사랑하며 하나님의 구속 경륜이 재생산되는 것입니다.

은혜를 경험한 그들만이 새 계명을 엄숙하게 받아들이는 자가 됩니다. 관용과 용납으로 긍휼 안에서 서로 사랑하라는 말씀에 순종하는 복된 자가 됩니다.

(마 9:13) 너희는 가서 내가 긍휼을 원하고 제사를 원하지 아니하노라 하신 뜻이 무엇인지 배우라 나는 의인을 부르러 온 것이 아니요 죄인을 부르러 왔노라 하시니라

예수님을 온전히 구주로 모신 자. 긍휼의 마음이 임하면 적이 친구로 변합니다. 갈등이 화합으로, 찬기가 온기로, 삭막함이 따스함으로 변합니다. 살리는 삶이 됩니다.

그리스도의 긍휼을 맛본 자만이 긍휼의 마음으로 세상과 상대방을 긍휼히 여기게 됩니다. 차가운 세상 가운데 따스함이 넘치는 참으로 행복한 인생, 복된 자가 되기를 소망합니다. 할렐루야!

(적용1) 내가 긍휼을 입은 사례들을 나열해 보라. 가장 큰 긍휼은 무엇이라고 생각하는가?

내 삶 속에서 누군가에게 받은 긍휼을 기억하고 감사하는 마음을 유지하고 있는가? 내가 받은 긍휼을 어떻게 다른 사람에게 나눌 수 있을까?

(적용2) 나는 긍휼을 베풀어 본 사례가 있으면 써 보라.

그리스도의 긍휼을, 나를 통하여 구체적으로 누구에게 어떻게 적용할 것인지 써 보라.

6장
여섯째 복 – 마음이 청결한 자는 행복하다

(마 5:8) 마음이 청결한 자는 복이 있나니 그들이 하나님을 볼 것임이요

마음이란 제힘으로 다스리지 못합니다.

성을 지키는 것보다 마음 다스리기 힘들다고 합니다.(잠 16:32) 인간의 힘이나 의지로 안 됩니다.

(마 15:18) 입에서 나오는 것들은 마음에서 나오나니 이것이야말로 사람을 더럽게 하느니라

'말은 마음에서 나온다' 합니다. 다스리지 못해 언어폭력이 되면 상대방을 죽입니다. 찌든 세상 가운데 마음이 청결한 자를 찾기란 불가능합니다.

(렘 17:9) 만물보다 거짓되고 심히 부패한 것은 마음이라 누가 능히 이를 알리요마는

마음이 정결하려면 수양으로 안 됩니다. 교양으로 안 됩니다. 높은 명예를 지니고 존망의 대상인분들에게서도 나락으로 떨어지는 모습을 종종 봅니다. 종교생활로도 안 됩니다.

거듭난 자만이 마음이 정결해질 수 있습니다.
그만이 하나님을 볼 수 있습니다.

(요 3:3 하) 사람이 거듭나지 아니하면 하나님의 나라를 볼 수 없느니라
(요 3:5 하) 사람이 물과 성령으로 나지 아니하면 하나님의 나라에 들어갈 수 없느니라

거듭나지 않고는 거룩을 덧입을 수 없습니다.
거듭난다는 것은 예수를 영접하고 성령으로 난 자입니다.

(고후 5:17) 그런즉 누구든지 그리스도 안에 있으면 새로운 피조물이라 이전 것은 지나갔으니 보라 새 것이 되었도다

구원받은 자의 다른 표현은 거듭난 자다. 거룩하다, 의인이다, 순결하다고 합니다. 거듭난 자가 되어야만 정결한 자가 됩니다. 그만이 하나님을 볼 것입니다.

(민 6:25-26) 여호와는 그의 얼굴을 네게 비추사 은혜 베푸시기를 원하며 여호와는 그 얼굴을 네게로 향하여 드사 평강 주시기를 원하노라 할지니라 하라

하나님을 볼 것임이요. 참 행복입니다.

이보다 큰 행복은 없습니다. 그러나 타락한 인간은 거룩을 잃어버려 하나님을 보면 즉사했습니다. 타락한 인간이 하나님을 본다는 것은 그 마음에 하나님이 투영되는 것입니다.

우리 심령에 하나님이 잘 투영되려면
성령으로 거듭나고 성령님의 도움을 받아야만 합니다.

(마 6:22-23) 눈은 몸의 등불이니 그러므로 네 눈이 성하면 온 몸이 밝을 것이요 눈이 나쁘면 온 몸이 어두울 것이니 그러므로 네게 있는 빛이 어두우면 그 어둠이 얼마나 더하겠느냐

사물을 보려면 눈이 있어야 합니다.
그러나 빛이 있음이 전제되어야 합니다.

또한, 잘 투영되려면 반사체인 거울의 모습이 중요합니다.
우선 반듯이 펴져 있어야 합니다. 맑고 깨끗해야 합니다. 그리고
흔들리지 말아야 할 뿐 아니라, 초점이 발광체에 맞추어져야만 합
니다.

첫째로. 성령수술로 펴진 자가 되여야 합니다.

(눅 3:5) 모든 골짜기가 메워지고 모든 산과 작은 산이 낮아지고
굽은 것이 곧아지고 험한 길이 평탄하여질 것이요

타락한 인간은 바른 사물을 굽게 봅니다.
긍정적인 것을 부정적으로 생각합니다.
가능한 것을 불가능하다고 단정합니다.
바른 관계를 괜스레 불편하게 생각합니다.

그러나 예수를 영접하고 성령세례를 받은 자는 거듭난 자로서 찌
그러진 마음에서 상처 치유가 일어나고 펴짐으로 바르게 보이고
옳게 보입니다.

둘째로. 날마다 순간마다 회개하며 거룩을 유지하여야 합니다.

거듭남으로 모든 죄를 씻음 받았지만, 아직 완성된 천국이 아닌 세상 가운데 살아갑니다.

(요 13:10) 예수께서 이르시되 이미 목욕한 자는 발밖에 씻을 필요가 없느니라 온 몸이 깨끗하니라 너희가 깨끗하나 다는 아니니라 하시니

목욕한 자는 발밖에 씻을 것이 없다 하셨습니다. 발은 매일매일 씻어야 합니다.

거듭난 자에게는 매일매일 회개하며 정결함을 유지하도록 성령님이 격려하십니다. 회개하는 그에게 날마다 바른 투영이 이루어집니다.

셋째로. 믿음에 흔들리지 않아야 합니다.

거울이 흔들리면 본체가 흔들리게 보입니다. 흔들리지 않는 믿음의 반석 위에 서도록 성령님이 도우십니다.

(고전 12:3) 그러므로 내가 너희에게 알리노니 하나님의 영으로 말하는 자는 누구든지 예수를 저주할 자라 하지 아니하고 또 성령

으로 아니하고는 누구든지 예수를 주시라 할 수 없느니라

무엇보다 중요한 것은 예수님께 초점이 늘 맞추어 있어야 합니다.

(히 12:2) 믿음의 주요 또 온전하게 하시는 이인 예수를 바라보자 그는 그 앞에 있는 기쁨을 위하여 십자가를 참으사 부끄러움을 개의치 아니하시더니 하나님 보좌 우편에 앉으셨느니라

마음이 청결하면 하나님을 보는 복을 누립니다.

힐링을 하려고 자연으로 나갑니다. 보고만 있어도 행복합니다. 연애 시절 애인만 바라보고 있으면 행복합니다. 말이 필요 없습니다.

하나님을 보는 복, 내 마음의 거울에 하나님이 늘 투영되는 자는 늘 행복합니다.

거룩하지 않고는 거룩하신 하나님 앞에 설 수도 없고, 볼 수도 없습니다. 성령으로 거듭난 자가 되어 치유받고 날마다 회개하며 거룩을 유지하도록 성령님의 도우심을 받는 자 요동치 않는 믿음으로 포커스를 예수님께 맞추는 삶이 되기만 하면 됩니다.

마음이 청결한 자는 날마다 하나님을 대면하는 복을 누릴 것입

니다.

예수를 영접하여 거듭나면 마음의 할례를 받아 새 마음으로 창조
됩니다.

(시 51:10) 하나님이여 내 속에 정한 마음을 창조하시고 내 안에
정직한 영을 새롭게 하소서

하나님을 직접 대면하면 타 죽을 수밖에 없는 죄인이었지만, 성
령으로 거듭나 마음의 정결함을 얻은 그에게는 하나님이 투영되는
축복, 하나님을 보는 축복이 일어납니다.

날마다 하나님을 대면하는
행복한 자로 살아가기를 기원합니다. 아멘.

(적용1) 당신은 거울을 하루에 몇 번 보는가? 마음의 거울을 보고 이 시간 내게 있는 흠과 티를 3가지만이라도 써 보자.

그리고 하나님 앞에 청결을 위해 일주일에 몇 번 회개 기도를 하는가? 이 시간 먼저 회개의 기도를 드리자.

(적용2) 내 마음의 순수함과 청결함을 유지하기 위해, 어떤 생각이나 태도를 조정해야 할까?

바로 보지 못하는 찌그러져 있는 내 마음은 없는가? 치유가 일어나도록 먼저 해야 할 일들은 무엇이라고 생각하는가?

흔들리는 내 마음을 견고히 하는 작업은 어떤 것이 있을까?

7장
일곱째 복 – 화평하게 하는 자는 행복하다

(마 5:9) 화평하게 하는 자는 복이 있나니 그들이 하나님의 아들이라 일컬음을 받을 것임이요

예수님이 이 땅에 오신 목적을 가장 쉽게 설명하면 화목을 이루시려 오신 것입니다. 구원한다. 죄 사하시러 오셨다. 은혜가 임하고 신앙이 깊어져야만 이해할 수도 있습니다.

그러나 관계단절에서 회복하시러 오셨다. 화목 화평 위해 오셨다. 이해가 쉽습니다.

그렇습니다. 예수님은 세상을 바꾸러 오셨습니다.

하나님께 벗어나 타락한 세상은 관계와 질서파괴로 온통 분열과 분쟁과 전쟁으로 달려가고 있습니다. 육체의 질서파괴로 각양 질병으로 고생하고 있습니다. 가장 무서운 것은 심령질서 파괴로 마음의 병인 평강을 잃어버린 것입니다.

단절되고 파괴된 질서를 바로잡는 것. 이것을 회복이요 치료라고 합니다.

예수님은 평화의 왕으로 오셨습니다.

(골 1:20) 그의 십자가의 피로 화평을 이루사 만물 곧 땅에 있는 것들이나 하늘에 있는 것들이 그로 말미암아 자기와 화목하게 되기를 기뻐하심이라

화평은 모든 회복을 의미합니다. 예수님과의 화평을 이룸으로 출발합니다. 관계나 질서, 마음의 생각까지도 평안에 이른 상태가 됩니다. 이것이 하나님 나라 확장의 출발점이 됩니다. 공동체 안에서 동행하는 모두가 행복해집니다.

화평 도모자를 우리는 '피스 메이커'라 합니다.
이는 하나님 아들, 예수 그리스도를 닮은 모습입니다.

화평하게 하는 자. 현재형이고 진행형입니다. 지속적으로 화평을 만드는 자, 창출하는 자, 화평하게 만드는 자입니다. 하나님 나라를 계속 확장하는 자. 지속적으로 살리는 자입니다.

타락한 인간은 정복이란 명목으로 파괴 진멸을 일삼았습니다.
보존하는 것은 하나님의 뜻이고 섭리입니다. 공존하기 위해 존중
과 관용 용납 수용이 필요합니다. 이것이 화평입니다. 화평하는 곳
에 살리는 역사가 일어납니다. 더불어 살 수 있는 행복한 나라가
됩니다.

예수님이 이 땅에서 사신 모습이고 사명이었습니다.
우리도 예수님을 본받아 더불어 살기 위해 화평해야 합니다. 복
음이 확산됩니다. 교회가 세워집니다. 공동체가 유지됩니다.

우리는 새로운 피조물로서 화목하게 하는 직분을 감당하게 하셨
습니다. 하나님 아들의 사명을 감당하는 자가 됩니다.

(고후 5:17-18) 그런즉 누구든지 그리스도 안에 있으면 새로운
피조물이라 이전 것은 지나갔으니 보라 새 것이 되었도다 모든 것
이 하나님께로서 났으며 그가 그리스도로 말미암아 우리를 자기와
화목하게 하시고 또 우리에게 화목하게 하는 직분을 주셨으니

이 세상에는 살리는 자가 있는가 하면 죽이는 자가 있습니다.
《장발장》에 나오는 신부가 살리는 자라면 형사 자베르는 직업에는

충실하지만 죽이는 역할이 됩니다.

살리는 칼과 죽이는 칼이 있습니다. 의사에 들린 칼은 살리는 칼이라면 살인자에 잡힌 칼은 죽이는 칼입니다.

살리는 물이 있고 죽이는 물이 있다고도 합니다. 이스라엘의 갈릴리호수 물은 고기가 사는 호수입니다. 그러나 그 물이 흘러 들어간 사해는 죽이는 물이 되어 어떤 생물도 살지 못한다고 합니다.

살리려고 만든 법이 죽이는 법으로 전도되기도 합니다. 법은 차선일 뿐입니다. 부득이하게 적용되어야 하며 살리는 법원리로 적용되어야 합니다. 아무리 법을 강화해도 죄가 없어지지 않습니다.

사랑과 화평만이 세상을 바꿉니다. 공동체를 지키는 길입니다. 재판은 정답을 찾았다 하지만 살리는 데는 정답이 없습니다. 송사 전, 예물을 드리기 전 화목하라고 성경은 권합니다.

(눅 12:58) 네가 너를 고발하는 자와 함께 법관에게 갈 때에 길에서 화해하기를 힘쓰라 그가 너를 재판장에게 끌어 가고 재판장이 너를 옥졸에게 넘겨 주어 옥졸이 옥에 가둘까 염려하라

(마 5:24) 예물을 제단 앞에 두고 먼저 가서 형제와 화목하고 그

후에 와서 예물을 드리라

화평이 공동체를 이루는 가장 우선적인 덕목입니다.
함께 살고 더불어 사는 길입니다.

(롬 12:18) 할 수 있거든 너희로서는 모든 사람과 더불어 화목하라

화평하게 하는 자는 살리는 선봉장으로 지속적으로 살려 냅니다. 멈출 수 없습니다.

끝맺음

화평하는 자가 있는 그곳에 영적교회가 세워집니다. 그들이 모여 지상교회를 세웁니다. 평화의 공동체가 세워집니다. 하나님의 나라가 세워집니다. 그 나라가 확장됩니다.

예수님을 닮은 삶입니다.
그 모습은 하나님 아들이란 칭호를 듣는 복된 삶입니다.

예수님의 명령은 공존입니다. 원수도 사랑하고 화목하라 하셨습

니다. 새 계명을 주셔서 서로 사랑하라고 하셨습니다. 서로 존중함으로 공존해야 합니다. 다름을 인정하며 용납하고 수용하며 화합하고 화목해야 합니다.

(벧전 3:11) 악에서 떠나 선을 행하고 화평을 구하여 그것을 따르라

선으로 악을 이기며 인내해야 합니다.
투쟁이 아니고 정복이 아닙니다.
서로 사랑해야 합니다. 화평의 열매를 맺어야 합니다.
공동체가 살아납니다. 공존의 길입니다.
이런 삶의 사람은 행복합니다.

할렐루야!

(적용1) 나는 내 주변에서 갈등이 있을 때, 화평하게 하는 역할을 감당하고 있는가?

갈등 속에서 평화를 만드는 사람이 되기 위해 어떤 노력을 할 수 있을까?

(적용2) 가정, 직장, 교회 등에서 내가 화평을 이루기 위해 내려놓아야 할 고집이나 자존심은 무엇인가?

8장
여덟째 복 – 의를 위하여 박해받은 자는 행복하다

(마 5:10) 의를 위하여 박해를 받은 자는 복이 있나니 천국이 그들의 것임이라

'하나님의 의'는 세상으로부터 저항과 도전을 받습니다.
이것을 박해라 합니다.

예수님도 이 세상에 오셨을 때 기득권층에 의해 박해를 받았습니다. 하나님의 의로 인해 자신들이 설정하고 세운 의가 무너지기 때문입니다. 예수님을 박해했던 무리는 바리새인, 서기관, 대제사장, 로마 정부였습니다.

(딤후 3:12) 무릇 그리스도 예수 안에서 경건하게 살고자 하는 자는 박해를 받으리라

박해는 아주 가까운 데서부터 시작하여 정치적까지 미칩니다.

우리도 '하나님 의'로 서면 세상 중심인 주변에서부터 박해가 시작
됩니다.

(요 9:22) 그 부모가 이렇게 말한 것은 이미 유대인들이 누구든
지 예수를 그리스도로 시인하는 자는 출교하기로 결의하였으므로
그들을 무서워함이러라

'박해받은 자'란 완료형으로 별칭이 덧붙여진 자입니다.
'기뻐하고 즐거워하라' 기뻐하고 즐거워할 일입니다(마 5:11-12절).

첫째. 정체성이 바로 세워진 자임을 확증합니다.

'박해를 받은 자'란 계급장이 붙여진 자, 면류관을 쓴 자, 정체성
이 세워진 자입니다.
예수를 믿는 믿음은 세상 상식 지식과 배치됨으로 조롱받고 멸시
받는 자가 됩니다.

내가 예수 믿고 구원받았다는 징표가 가시적, 외형적이지 않아
답답할 때도 있습니다. 세상 사람들이 우리에게 구원의 징표를 보
이라 하면 할 말이 없습니다. 그러기에 중세에 면죄부가 팔린 것입
니다.

(요 3:6-8) 육으로 난 것은 육이요 영으로 난 것은 영이니 내가 네게 거듭나야 하겠다 하는 말을 놀랍게 여기지 말라 바람이 임의로 불매 네가 그 소리는 들어도 어디서 와서 어디로 가는지 알지 못하나니 성령으로 난 사람도 다 그러하니라

그러나 박해를 받는다는 것은 나의 정체성이 객관적으로 드러난 결과입니다. 내가 세상 지혜로 믿지 못하는 예수를 믿고 있구나 확인해 주는 것입니다.

(마 10:32-33) 누구든지 사람 앞에서 나를 시인하면 나도 하늘에 계신 내 아버지 앞에서 그를 시인할 것이요 누구든지 사람 앞에서 나를 부인하면 나도 하늘에 계신 내 아버지 앞에서 그를 부인하리라

그들이 지식으로 이해 못 하는 '동정녀에서 성육신' 하신 예수를 믿으니 어리석습니다. 요셉의 아들 인간을 '완전한 하나님 완전한 인간'이라고 고백하니 멍청합니다. 십자가에서 죽은 것을 로마 병정들이 증언하는데 '부활했다' 하니 상식 이하입니다.

그들의 눈으로 멍청이요, 어리석은 자가 맞습니다. 놀리고 조롱하지만 반전입니다. 우리가 진짜 예수를 믿는다는 것을 증명해 주고, 증언해 주는 사건이 된 것입니다.

(고전 1:18) 십자가의 도가 멸망하는 자들에게는 미련한 것이요 구원을 받는 우리에게는 하나님의 능력이라

그렇기에 오히려 기뻐하고 즐거워할 수 있는 동인이 됩니다. 내가 세상에서는 욕을 먹고 악한 말을 듣고 박해를 받지만 하나님에게는 인정받고 있구나. 어찌 기쁘지 않겠습니까?

(벧전 3:14) 그러나 의를 위하여 고난을 받으면 복 있는 자니 그들이 두려워하는 것을 두려워하지 말며 근심하지 말고

믿음은 증명이 아니고, 논리도 아닙니다.

2천 년 역사 가운데 수억 명이 예수를 믿었고 지금도 수많은 사람이 고백하고 있습니다. 그들이 다 나보다 못나고 어리석다고는 못 할 것입니다. 그들이 다 무지하지 않습니다. 누구보다 뛰어난 지식인도 많고, 논리가도 있고, 탁월한 자도 많습니다.

의지나 논리나 지식으로 믿는 것이 아니고, 그냥 믿어지는 것입니다. 감정이 있듯 믿어지는 것을 어떻게 합니까? 이것을 성령의 역사라 합니다. 성령을 부인하지 말고 지혜 있는 자같이 늘 성령충만을 구해야 합니다.

그런즉 너희가 어떻게 행할지를 자세히 주의하여 지혜 없는 자같이 하지 말고 오직 지혜 있는 자같이 하여 세월을 아끼라 때가 악하나라 그러므로 어리석은 자가 되지 말고 오직 주의 뜻이 무엇인지 이해하라 술 취하지 말라 이는 방탕한 것이니 오직 성령으로 충만함을 받으라(엡 5:15-18)

구원의 감격을 가진 자, 성령 충만한 자는 박해와 핍박을 달게 받습니다.

(롬 8:37) 그러나 이 모든 일에 우리를 사랑하시는 이로 말미암아 우리가 넉넉히 이기느니라

예수 십자가 은혜, 대속의 은혜가 또한 나를 박해에서 넉넉히 이기게 합니다. 영원히 누릴 천국이 복을 누리게 할 것입니다.

둘째. 천국의 갈망이 절정으로 치닫는 자입니다.

고난은 믿음 생활에 유익을 주고 십자가 아래 머물게 합니다.

(약 1:3-4) 이는 너희 믿음의 시련이 인내를 만들어 내는 줄 너희가 앎이라 인내를 온전히 이루라 이는 너희로 온전하고 구비하

여 조금도 부족함이 없게 하려 함이라

　현재의 고난은 장차 나타날 영광과 비교할 수 없다는 말씀이 힘을 더합니다. 천국에서 받게 될 상 때문에 더욱 그 나라를 소망하게 됩니다.

　(롬 8:18) 생각하건대 현재의 고난은 장차 우리에게 나타날 영광과 비교할 수 없도다

　(계 22:12) 보라 내가 속히 오리니 내가 줄 상이 내게 있어 각 사람에게 그가 행한 대로 갚아 주리라

　언약 안에 머무는 자. 어찌 '주 예수여 어서 오십시오'란 갈망이 더해지지 않겠습니까?

　(계 22:20) 이것들을 증언하신 이가 이르시되 내가 진실로 속히 오리라 하시거늘 아멘 주 예수여 오시옵소서

끝맺음

　하나님 나라, 하나님의 의를 위해 박해받는 자.

천국이 저희 것이 됐고 상이 기대됩니다.

구원의 확신자 당연히 천국 소유자가 된 것입니다.

천국의 소망을 가진 자는 세상을 이길 뿐 아니라, 그 후 삶은 상으로 연결됩니다.

마지막 복입니다.

종말론적 성도의 축복이요 복된 자입니다.

천국을 유업으로 받은 자

어찌 이미 행복함으로 충만하지 않겠습니까?

할렐루야!

(적용1) 나는 신앙의 원칙을 지키다가 어려움을 겪을 때, 어떻게 반응하는가?

세상적 가치와 충돌할 때도 하나님의 의를 선택할 용기가 있는가? 예수 믿는 것 때문에 손해 본 일을 써 보라.

(적용2) 내가 의를 위해 박해를 받는 상황에 처할 때, 그 어려움을 이겨 낼 수 있는 힘과 소망을 어디에서 찾을 수 있을까? 이런 일로 기쁨을 얻은 경험이 있는가?

나가기

8복은 오직 은혜입니다.

은혜를 받은 자, 은혜를 깨달은 자,

은혜 안에 사는 자가 받는 복입니다.

예수님이 알려 준 8복은 계시 된 복으로 구약에서 계시한 십계명과 유사한 점이 많습니다.

구약성경의 십계명은 율법의 핵심입니다. 하나님이 애굽의 노예에서 해방시킨 이스라엘 백성에게 시내산에서 모세를 통하여 친히 계시한 계명입니다.

그런가 하면 신약성경의 8복은 복음의 핵심입니다. 예수님이 이 땅에 오셔서 사역을 시작하시면서 제자들과 따르는 무리들에게 가장 먼저 산에서 친히 가르치신 교훈이 산상수훈입니다. 그중 핵심이 바로 8복으로 신약의 십계명이라 할 수 있습니다.

구약성경의 총체적 주제는 '나는 너희의 하나님 너희는 내 백성

(출 6:7, 레 26:12)'입니다. 신약성경의 총체적 주제는 '나는 네 아버지 너희는 내 자녀(고후 6:18)'라 할 수 있습니다. 따라서 구약성경은 집단적 구원에 집중되어 있고, 십계명은 집단 유지 강령으로 계시되었습니다.

그러나 신약성경은 개인적 구원에 초점이 맞추어 있습니다. 8복은 하나님 자녀, 구원받은 백성이 이 땅에서도 누릴 복을 계시하고 있습니다. 이는 복의 새로운 정의로 거듭난 새로운 피조물들이 각각 누릴 영적 복이요, 행복론입니다.

구약의 십계명은 열 가지 모두 지켜야 할 규범이라면, 신약의 8복은 예수님이 친히 가르쳐 주신 누릴 복으로 너무 풍성합니다. 온전히 누림으로 그의 삶 가운데 윤기가 흐르고 광채가 나며 기름이 흘러넘치고 살아납니다. 구원에 이릅니다. 고난이 많은 현 세상 가운데서도 행복의 길입니다. 공동체가 살아나고 모두 모두가 행복해지며 주변도 살아나고 꽃을 피우게 됩니다. 이웃도 구원에 이르게 할 것입니다. 하나님의 나라가 도래됩니다. 현재의 시간에 내 삶의 터전에서 천국을 맛보고 살아갈 것입니다. 영원한 천국을 유업으로 받습니다.

산상수훈(마 5-7장) 중 주기도문(마 6장)에 대한 저서와 설교가 80% 비중을 차지합니다. 기도의 중요성과 기도함으로 하나님과 가장 가까운 교제를 이루고 또한 복을 받기 위해 행복하기 위해 기도가 필요합니다. 그러나 산상수훈의 구조나 순위에서 8복이 앞서야 합니다. 예수님이 가르치신 복으로 사는 삶이야말로 행복한 삶이요, 주안에서 사는 삶의 핵심인 것입니다.

세상에서 참 행복을 모르고 살아갑니다.
불행해질지 모른다는 불안(不)이 나를 떨게 합니다. 언제 이루지 하는 조급증(燥)이 나를 감쌉니다. 이 고난의 터널을 언제 벗어나지 하는 초조함(憔)이 나를 삼키려 합니다.

8복을 암송하고 묵상하십시오.
믿음(信)과 인내(忍)하는 힘과 평안(平)이 찾아옵니다.
복이 있는 자임을 깨닫게 할 것입니다. 행복해집니다.

'不燥憔 信忍平'

심령이 가난한 자는 행복하다.
하나님이 나를 걸작품으로 빚었구나. 아침 영롱한 이슬을 만드신 창조주를 정직하게 인정하며 '할렐루야'를 외치십시오. 그분은 역사의 주관자이며 내 인생의 주인입니다. 나를 인도하고 계심을 겸손히 받아들이고 맡김으로 '아멘' 하십시오. '할렐루야, 아멘'하면 심령에 천국이 도래합니다. 복된 자입니다. 행복합니다.

애통하는 자는 행복하다.

나만의 실패를 두려워 말고 낙망하지도 마십시오. 모두가 실패자로 죽음에 이릅니다. 내가 비참한 존재요 죄인임을 깨달으니 하나님의 은혜와 위로가 심령에 들어옵니다. 쉬지 말고 기도하며 찬송하며 고개를 넘으리라. 그가 힘주시고 일으키시니 복된 자입니다. 행복합니다.

온유한 자는 행복하다.

절대주권을 인정하며 순리대로 순응하십시오. 오직 그가 나의 가는 길을 아시나니(욥 23:10) 욥같이 고백합니다. 멍에를 맨 예수님의 온유를 배우고, 모세의 온유를 따라 모나지 말고 온유함으로 이웃에 다가가 보십시오. 범사에 감사하여 존중하며 관용과 용납과 수용하면 관계의 지경이 넓어지고 영역이 확장되는 복된 자가 됩니다. 행복합니다.

의에 주리고 목마른 자는 행복하다.

'여기에 의가 있다. 이것이 정의다'하는 것에 현혹되지 마십시오. 의인은 없나니 하나도 없습니다. '세상의 의'가 의가 아닙니다. '하나님의 의, 십자가 지신 의'에 갈급하여 살리는 데 집중하십시오. 용서하고 사랑하는 데 열심을 품으십시오. 복된 자가 됩니다. 행복합니다.

긍휼히 여기는 자는 행복하다.

이 세상에 긍휼이 어디 있습니까? 2,000년 전 하나님의 긍휼이 온 세상을 바닷물같이 덮었습니다. 내가 그 긍휼의 은혜에 적셔졌습니다. 긍휼은 피드백되고 재생산되는 힘이 강합니다. 살리고 사랑하는 데 진력하십시오. 공동체 구성원 모두가 행복해집니다. 원수까지도 사랑해 보십시오. 항상 기뻐하십시오. 웃어 주면 살려 냅니다. 나는 복된 자입니다. 행복합니다.

마음이 청결한 자는 행복하다.

내 마음이 찌그러지면 모든 상이 찌그러집니다. 성령의 치유를 받아 펴십시오. 부정적인 것을 긍정으로 미움을 사랑으로 불가능을 가능으로. 내 마음이 흐려 있으면 희미하게 보입니다. 날마다 회개하여 맑게 하십시오. 흔들리면 상도 흔들립니다. 요동치 않는 믿음으로 온전케 하시는 이인 예수를 바라보십시오. 복된 자가 됩니다. 행복합니다.

화평하게 하는 자는 행복하다.

예수님은 화평 중에 우리를 부르시고 화평을 최우선 하라고 하셨습니다. 예수님이 이 땅에 오신 목적이고 이 땅에서 보여주신 모법입니다. 원수까지도 사랑하라고 하시고 새 계명으로 서로 사랑하라고 하셨습니다. 공동체와 교회가 세워집니다. 공동체가 보존됩니다. 하나님의 뜻을 이루는 하나님의 아들이 됩니다. 복된 자가 됩니다. 행복합니다.

의를 위하여 박해를 받은 자는 행복하다.

내가 누구인지 각인되었고, 박해받을 때마다 내 가슴에 훈장이 주렁주렁 달립니다. 그날에 주실 상과 영광을 더욱 간절히 사모하는 자가 되었습니다. 주 예수여 어서 오시옵소서. 나는 천국을 소유한 복된 자입니다. 행복합니다.

범사에 감사하며 서로 존중하며 서로 사랑하고 원수까지도 사랑하면 살아납니다. 화목으로 살리면 공동체를 이루고 복된 하나님의 아들이 됩니다.

그의 나라와 의를 먼저 구하면 부족함이 없는 은혜로 배부릅니다. 역경 가운데서도 넉넉히 이겨 나가며 찬송하면서 고개를 넘을 것입니다. 복된 자로 항상 기뻐하십시오. 살리는 삶으로 행복이 재생산됩니다.

하늘로부터 알려 주신 복, 예수님이 가르쳐 주신 8복은 복된 자란 신분을 뛰어넘어 행복한 삶입니다. 구원받은 성도의 정체성입니다. 천국 소유자요, 천국 복을 누리는 행복한 삶입니다.

할렐루야! 아멘!

2부

행복에 이르지 못하는 한계들

내가 다시 해 아래에서 보니 빠른 경주자들이라고 선착하는 것이 아니며 용사들이라고 전쟁에 승리하는 것이 아니며 지혜자들이라고 음식물을 얻는 것도 아니며 명철자들이라고 재물을 얻는 것도 아니며 지식인들이라고 은총을 입는 것이 아니니 이는 시기와 기회는 그들 모두에게 임함이니라 분명히 사람은 자기의 시기도 알지 못하나니 물고기들이 재난의 그물에 걸리고 새들이 올무에 걸림 같이 인생들도 재앙의 날이 그들에게 홀연히 임하면 거기에 걸리느니라

(전 9:11-12)

행복에 이르지 못하는 한계들

들어가기

2부는 행복의 한계들을 극복하기 위한 깊은 묵상이다.

1-2장에서는 각자의 행복은 공동체와 분리해서 존재할 수 없다는 사실을 되새겨 보고자 한다. 인간이 추구하는 역사발전에 대한 깊은 성찰 없이는 한계점을 극복할 수가 없다. 성경적 묵상을 통하여 인간이 추구하는 역사발전의 모순점을 발견하고, 8복이 참 행복의 길임을 일깨우고자 한다.

또한, 우리의 행복은 '하나밖에 없는 생명'과 직결된다. 3장에서 8복과 연계하여 묵상했다.

친구들이 모처럼 만나 식사를 하며 담소가 시작되었다. 한 친구가 어려운 주제나 현실정치 얘기를 꺼냈더니 다른 한 친구가 모처럼 만났는데 머리 아픈 얘기 치우라고 질책을 한다.

당신이 혹시 숏폼만을 즐기신다면 2부는 읽지 않아도 좋다.

오늘날 사람들은 깊은 사색을 싫어한다. 신앙인도 경건의 모양은 있으나 경건의 능력을 부인하듯 깊은 묵상을 즐겨 하지 않는다. 그들에게는 조건과 단답뿐이다.

아픈데도 병원을 찾지 않는다. 시간과 비용을 절감하면서 해결의 답을 쉽게 얻는 시대가 되었기 때문이다. 열이나-해열제 먹어. 머리 아파-진통제. 잠이 안 와-수면제 사 먹고 자면 되잖아. 본인이 다 의사이다. 처방도 순식간에 하고 답도 바로 얻는다. 그러나 신체구조는 피부로 느끼는 현상보다는 훨씬 복잡하고 유기적이다. 서민도 주치의는 아니더라도 단골 의사를 정하고 10년 20년 같이 해야 한다. 내 신체에 대해 축적된 자료를 가진 의사가 필요한 것이다. 머리가 아픈 이유두, 소화가 잘 안 되는 이유도, 잠이 잘 오지 않는 원인도 장기적이고 유기적으로 검토되어야 한다. 그런데 *근원적으로 접근하지 않고 단답 처방으로 대처하니 정신적 병이 증가한다.*

사회현상도 고민하기보다는 단답으로 처방한다. 요즘 사회는 깊이 병들어 가고 있다. 저출산 문제, 근친 살해, 무차별적 폭행, 마약 등. 이에 대하여 근원적 처방을 찾고 있는가.

신앙도 마찬가지이다. 조건과 단답만을 얻으려 한다. '두드리면 열린다.' '심령이 가난한 자는 행복하다.' 무엇을 두드리고, 어떻게 두드리고, 왜 두드리는지 과정은 생략해 버리고 깊은 묵상을 싫어한다. 명쾌하지도 분명하지도 않지만, 이 말씀 안에 '하나님의 뜻하심은 무엇일까?' '하나님과의 관계 안에서 어떻게 이해해야 할까?' 등 끊임없는 묵상으로 심연을 향하기보다는 현상적이고 단편적이고 단언적인 결과에만 집중한다.

2부에서는 인간이 주도하는 역사로는 진정한 행복에 이르지 못하는 한계들을 근원적으로 파헤쳐 보고자 했다. 수반되는 주제(인류 역사의 지배권, 달란트권, 한몸의식, 동행의식)들을 제시함으로 함께 고민하고 토론할 장을 열어 놓았다. 그러면서 예수님이 이 땅에 오셔서 가장 먼저 팔복을 가르치신 의미를 깊이 묵상하게 하였고, 팔복만이 행복의 정답임을 확증하고자 한다.

1장
공동체가 추구하는 행복이
구성원 모두의 행복이 되지 못하는 한계

타락한 인간이 주도하는 역사발전은 소유욕과 지배욕의 한계를 극복하지 못한다. 성경이 제시한 '한몸의식'이 회복되어야만 이 한계는 극복이 가능하다.

예수님은 '한몸의식'의 필수 요소인 '긍휼의 마음'을 가르치셨다. 8복의 다섯 번째 복이다. '긍휼히 여기는 자는 행복하다. 긍휼히 여김을 받을 것이다.'

(창 2:18) 여호와 하나님이 이르시되 사람이 혼자 사는 것이 좋지 아니하니 내가 그를 위하여 돕는 배필을 지으리라 하시니라

하나님이 아담의 아내 하와를 지으심으로 인간은 공동체를 이루고 '함께, 더불어' 살아가게 하셨다. 공동체는 '함께라는 한몸의식'과 '더불어라는 동행의식'이 있을 때 유지되고 발전할 수 있다. 우리가 추구하는 행복은 공동체와 분리해서는 생각할 수 없는 것이다.

사탄은 공동체를 파괴하기 위해 한 몸 공동체를 분리 시켜려 한다. 하와만을 공격함으로 타락의 길을 만든다. '한몸의식'을 파괴하는 함정이다.

(창 3:5) 너희가 그것을 먹는 날에는 너희 눈이 밝아져 하나님과 같이 되어 선악을 알 줄 하나님이 아심이니라

인간은 '하나님과 같이 된다'는 비교의식의 꾐에 빠짐으로 타락하게 된다. 이 비교의식은 공동체를 허무는 갈등을 잉태하게 만든다.

비교의식은 경쟁의식을 유발해 '한몸의식'과 '동행의식'을 빼앗아가게 한다.

형제간의 갈등으로 가인은 동생 아벨을 죽이게 된다. 첫 살인자의 등장이요, '한몸의식'과 '동행의식'의 파괴이다.

(창 1:28) 하나님이 그들에게 복을 주시며 하나님이 그들에게 이르시되 생육하고 번성하여 땅에 충만하라, 땅을 정복하라, 바다의 물고기와 하늘의 새와 땅에 움직이는 모든 생물을 다스리라 하시니라

하나님은 문화명령을 주셔서 생육하고 번성함으로 행복을 누리게 하셨다. 그런데 비교의식으로 타락한 인간은 우상숭배인 탐심

에 빠진다. 이 탐심은 번성의 언약인 문화명령을 왜곡시켜 '지배욕과 소유욕'으로 발전시킨다.

(골 3:5) 그러므로 땅에 있는 지체를 죽이라 곧 음란과 부정과 사욕과 악한 정욕과 탐심이니 탐심은 우상 숭배니라

문화명령은 하나님 나라인 빛의 영향력 확산인데 타락한 인간은 어두움의 세력으로 사람이 사람을 지배하고, 인간이 인간을 정복하고 탈취하는 것으로 변질시켰다. 끝없는 살인과 전쟁의 연속인 세상을 만들었다. 하나님이 창조하시고 좋았다 하신 자연도 정복의 대상이 되어 친환경의 말살이다.

타락한 인간은 문화명령을 왜곡시켜 지배하고 소유하는 곳에 행복이 있다고 착각한다. 오해이다. 정답이 아니다.

부부가 가족으로, 가족이 씨족으로, 씨족이 부족으로 공동체의 번성을 주셨다. 그러나 그들이 악을 도모하므로 하나님의 영이 떠남과 더불어, 인간은 '한몸의식'과 '동행의식'을 잃어버리게 되었다. 죄악이 관영하고 생각하는 것이 악하므로 하나님은 물로 심판하셨다.

(창 6:3) 여호와께서 이르시되 나의 영이 영원히 사람과 함께 하
지 아니하리니 이는 그들이 육신이 됨이라 그러나 그들의 날은 백
이십 년이 되리라 하시니라

하나님이 떠난 인간들은 꾀로 허사를 경영하게 된다. 바벨탑을
쌓는 것이다.

(창 11:4) 또 말하되 자, 성읍과 탑을 건설하여 그 탑 꼭대기를 하
늘에 닿게 하여 우리 이름을 내고 온 지면에 흩어짐을 면하자 하였
더니

타락한 인간은 소유하고 지배하는 곳에 행복이 존재하는 것으로
착각한다. 이 착각은 공동체 안에서 구성원 간의 갈등과 모순을
만들어 내고 공동체 모두의 행복을 빼앗아 간다. '한몸의식'의 망
각이다.

가정의 행복을 이루기 위해 부부가 함께 모든 것을 희생하며 살
아본다. 그런데 세월이 흐르고 보니 남편도 아내도 행복을 놓쳐버
린 경우가 허다하다.
또한, 사회 공동체도 공동체 행복을 위해 구성원들의 희생을 강
요되는 때가 많다. 국가 발전이란 명목으로 국민의 희생을 강요받
는 경우도 허다하다. 물론 일정 기간 공동체의 행복을 위해 필요할

수도 있다. 그렇게 함으로 공동체가 발전하여 행복의 요건들을 갖출 수 있기도 한 것이다. 그러나 문제는 열매도 같이 나누어야 하지만 그렇게 되지 못하는 한계가 있는 것이다.

인류는 공동체를 형성하려고 몸부림치고 또한 공동체의 발전과 행복을 위해 지속적인 노력을 기울여 왔다. 하지만 인간이 주도하는 역사는 언제나 구성원 모두의 것이 되지 못하는 한계에 부딪힌다.

인간이 주도하는 역사발전은 행복의 정답이 되지 못한다.
예수님은 일찍이 '의에 주리고 목마른 자가 행복하다.'고 선포하신 것이다.

타락한 인간은 꾀를 내어 공동체 발전을 추구한다.

그러나 인간이 주도하는 역사발전은 행복의 정답이 되지 못한다. 의에 주리고 목마른 자가 되어 '공동체의식'을 잃지 않음으로써 공동체 발전을 구성원 모두의 행복이 되도록 하여야 한다.

먼저 타락한 인간의 탐심인 지배욕과 소유욕이 역사적으로 어떻게 진행되어 왔는지 개괄해 보고자 한다.

지배욕은 하나님의 권위를 흉내 내어 신비권(신격화하여 지배하는 형태)으로 다스리려 행사했다. 신비권의 지배는 하나님이 부여한 인간의 존엄성을 파괴한다.

소유욕은 토지 소유에서부터 구체화한다. 토지 소유욕은 만족할 줄 모르므로 대지주가 탄생되고 종국에 농민전쟁을 불러일으켰다.

하나님을 왕으로 모시지 않은 인류 역사는 소유욕과 지배욕을 제어하지 못함으로 가진 자와 없는 자의 무한경쟁으로 흘러가게 된다. 이 무한경쟁 속에서 공생을 위해 인간적 왕을 세우게 되지만 새로운 형태의 이 지배욕을 극복하지는 못하고 있다.

왕정은 세상을 힘이란 도구로 전락시킨다. 정복 전쟁으로 세계 질서가 왜곡된 시기도 있다. 이 힘의 원리는 공동체의 '한몸의식'을 소멸시키고 인간의 자유는 억압된다. 시민전쟁을 불러왔다. 민주주의를 구현시켰다. 그럼에도 긍휼의 마음을 가지고 '한몸의식'을 회복시키지 못하면 공동체 발전이 구성원 모두의 행복을 이루지 못한다.

민주주의로 지배욕은 통제하려 하였지만 극복하지 못하는 한계가 있다.

인간의 지혜로 낸 사상이나, 제도적 민주주의로는 지배욕을 극복하지 못하는 한계가 있다.

(전 8:9) 내가 이 모든 것들을 보고 해 아래에서 행하는 모든 일을 마음에 두고 살핀즉 사람이 사람을 주장하여 해롭게 하는 때가 있도다

인류의 행복을 위해 많은 지혜자들이 시대에 부응하는 철학과 이념과 사상을 제시하였다. 또한, 훌륭한 정치 지도자들이 이를 실현해 오고 있지만 분명 한계가 있다. 지속적인 발전을 추구하지만, 인간의 소유욕과 지배욕을 극복하기란 그리 쉬운 일이 아니다. 공산제도는 말할 나위도 없고 민주제도라 할지라도 분명 한계가 있다. 보수와 진보 우파와 좌파 역시 행복론이 아니다. 공동체 발전을 위해 제안된 사상과 정치제도는 함께 누릴 행복을 추구했지만, 결과는 나누고 죽이고 파괴로 귀착된다. 타락한 인간의 한계이다.

인간이 찾아낸 가장 의미 있는 제도는 민주주의이다. 그럼에도 민주정치의 근간인 다수결 제도와 법치주의로는 한계를 극복하지 못한다. 다수결은 투쟁을 잠재우는 최후의 보루이지만 소수의 의견을 다 수용할 수는 없다. 공동체 행복이 구성원 모두의 것이 되지 못한다. 또한, 법치주의는 재판을 통하여 분쟁을 조정하는 역할을 하고 있다. 그러나 법 적용에는 인간의 한계성이 있다. 선택적

판단이 언제나 문제를 발생시킨다. 재판 후에 모두가 억울해하지 않는 재판을 찾기란 불가능하다. 인정하고 받아들일 뿐이다. 차선의 합의점을 수용하며 공존해 가는 것뿐이다.

(잠 18:18) 제비 뽑는 것은 다툼을 그치게 하여 강한 자 사이에 해결하게 하느니라

(전 3:16) 또 내가 해 아래에서 보건대 재판하는 곳 거기에도 악이 있고 정의를 행하는 곳 거기에도 악이 있도다

인간은 늘 공정과 상식을 앞세우지만, 그곳에도 언제나 치우침과 불공정이 존재한다. 성경이 일찍 지적한 바와 같이 유한한 인간의 한계요 타락한 인간의 한계이다.

진보 보수라는 사상과 이념도 분열이 아닌 중간지대로 접근하면 긍정적으로 작용하여 인류 역사발전에 기여해 왔다.

그러나 보수 진보가 이념을 넘어 정치 도구화하면서 냉전 시대의 산물인 우파 좌파로 나누어졌다. 이들은 중간지대로 접근하는 것이 아니라 극단으로 치우치면서 극우나 극좌가 되기 십상이다. 이렇게 되면 상대편은 적이 되고 정복과 진멸의 대상이 된다. 함께 살아가야 할 대상이 아니다. 함께 살아야 하는 '한몸의식'의 파괴이다.

인간 중에 가장 지혜자인 솔로몬이 나라를 다스렸지만 '헛됨의 고백'을 되새겨 보자.

마음을 다하며 지혜를 써서 하늘 아래에서 행하는 모든 일을 연구하며 살핀즉 이는 괴로운 것이니 하나님이 인생들에게 주사 수고하게 하신 것이라 내가 해 아래에서 행하는 모든 일을 보았노라 보라 모두 다 헛되어 바람을 잡으려는 것이로다 구부러진 것도 곧게 할 수 없고 모자란 것도 셀 수 없도다 내가 내 마음 속으로 말하여 이르기를 보라 내가 크게 되고 지혜를 더 많이 얻었으므로 나보다 먼저 예루살렘에 있던 모든 사람들보다 낫다 하였나니 내 마음이 지혜와 지식을 많이 만나 보았음이로다 내가 다시 지혜를 알고자 하며 미친 것들과 미련한 것들을 알고자 하여 마음을 썼으나 이것도 바람을 잡으려는 것인 줄을 깨달았도다 지혜가 많으면 번뇌도 많으니 지식을 더하는 자는 근심을 더하느니라(전 1:13-18)

소유욕은 자본주의로 발전되었다.

타락한 인간의 본성은 탐욕인 지배욕과 소유욕으로 가득 차 있다. 따라서 인류문명의 역사는 언제나 '지배구조나 소유구조'에서 '지배자와 피지배자, 권력자와 시민, 지주와 소작농, 있는 자와 없는 자, 사용자와 노동자, 기득권자와 변화추구자' 사이의 갈등이었고 끊임없는 투쟁이 있었다.

'기득권자'들은 지키려고 몸부림치다 보니 배척이 문제였다. 또한 '가지지 못한 자'들은 끊임없는 변화의 욕구가 분출되었지만, 투쟁으로 쟁취하려는 것이 문제였다.

대지주와 농민전쟁이 그랬고, 왕정과 시민혁명이 그랬다. 그러나 타락한 인간은 언제나 정답을 찾지 못했다. 왕정으로부터 자유를 쟁취한 부르주아는 평범한 시민계급이었다. 그런데 자본주의의 탄생(약 300년 전)과 더불어 새로운 가진 자의 부르주아가 되어 버렸다.

자유를 얻은 시민은 소유욕의 형태인 자본주의를 발전시킨다. 소유욕에서 출발한 자본주의는 힘을 얻자 지배권까지도 점령하게 된다.

18C에 등장한 자본주의가 이념으로 발전하면서 '보수'는 언제나 자유와 능력을 강조하였다. 상대편은 게으르고 무능하다는 생각을 떨치기 쉽지 않다. 진정한 나눔이 있는 공동체 의식보다는 자기 것은 지키려는 쪽에 무게를 둔다. 선심성 베푸는 것으로 평등을 구현한다고 만족하는 우월주의에 사로잡혀 있을 수 있다. 그런가 하면 '진보'는 평등을 앞세우며 가진 자들의 수고와 노고를 과소평가

한다. 불평과 원망을 일삼아 물리적 균등에 초점을 맞추거나 쟁취
하려고 한다. 문제해결이 아니라 끊임없이 문제를 재생산시켜 왔
다. 대표적인 것이 공산 사상이다. 시민계급이 새로운 부르주아가
되어 자본주의 발전과 더불어 새로운 지배형태가 되었다. 반작용
으로 프롤레타리아가 일어나 공산혁명(약 200년 전)을 주도했다.
공산 사상은 탁월한 이상일 수는 있다. 그러나 정치화 제도화하여
'공산국가'를 건설하는 순간 새로운 소수의 가진 자로 변해버렸다.
역사가 이미 증명해 주고 있다. 타락한 인간의 제도는 분명 한계가
있다.

**인간이 주도하는 자본주의로는 소유욕을 극복하지 못하는 한계
가 있다.**

자본주의는 인류 행복에 지대한 영향을 끼치고 있다. 그러나 냉
정히 보면 인간 탐욕과 잘 맞아떨어져 18세기 후 지구촌의 최선의
방안이 되었는지도 모른다. 자본주의는 산업과 함께 발전해 왔다.

공업은 농업을 지배하고, 상업은 공업을 지배하고, 상업을 지배
하는 것은 지식이라고 보는 견지에서 지식산업을 제4차산업 또는
교육산업이라고도 한다(두산백과).

그러나 지식산업을 광의로 해석하면 유통산업에서부터 시작되었다고 할 수 있다. 유통업과 무역업, 재화산업인 금융업 증권업 부동산업 등으로 흔히 펜으로 움직이는 산업일 수 있다.

이러한 지식산업이 인류문화발전에 기여한 바는 지대하다. 그러나 간과할 수 없는 부작용 또한 막대하다. 유통수익이 생산비용을 초과하는 경우라든가, 재테크로 예대차익실현 공매도 주가조작 등으로 부를 조성한다거나, 토지를 재화증식의 수단화함으로 야기되는 기본권 박탈 등은 함께 살아가야 하는 공동체를 파괴하는 요인이 될 수도 있다.

(딤전 6:10) 돈을 사랑함이 일만 악의 뿌리가 되나니 이것을 탐내는 자들은 미혹을 받아 믿음에서 떠나 많은 근심으로써 자기를 찔렀도다

자본주의는 능력사회로의 전환이고 이것은 마귀의 시험이다. 예수님이 받던 2단계 시험이 온 인류에 미친 것이다.

(마 4:5-6) 이에 마귀가 예수를 거룩한 성으로 데려다가 성전 꼭대기에 세우고 이르되 네가 만일 하나님의 아들이어든 뛰어내리라 기록되었으되 그가 너를 위하여 그의 사자들을 명하시리니 그들이 손으로 너를 받들어 발이 돌에 부딪치지 않게 하리로다 하였

느니라

협의의 지식산업은 정보산업, 미디어산업으로 발전했다.

가장 주목해야 할 것은 '달란트권(가설 talents-abiiity)(마 25:14-30)'이다. 21C는 달란트권(가설 talents-abiiity)이 세상을 지배하는 시대가 도래된 것이다.

자본주의는 하나님이 주신 달란트권으로 양극화를 심화시키고 있다. 공동체와 구성원 모두의 행복에 역행할 수 있다.

'달란트권(가설 talents-abiiity)'이란 천부적으로 부여받은 영감이나 직관에 의한 탁월한 특권이다. 타고난 지혜로 새 지평을 엷으로 인류의 행복에 공헌한다. 21C를 주도하는 권리가 될 것이다. 창작활동에서 남다른 우월성을 드러낸다. 흔히 영감을 받았다 한다. 체육 분야에서도 그들은 몸이 먼저 반응한다고 한다. 그들은 정치활동에서도 정세를 보는 눈이 남다르다. 작은 부자는 성실과 노력으로 이룰 수 있을지 모르지만 큰 부자는 하늘이 낸다는 말이 있듯이, 그들은 경제활동에서도 돈의 흐름을 보고 기회를 잡는 직관이 있다.

'달란트권(가설 talents-abiiity)'으로 개인이 누릴 수 있는 차등화나 재화는 상상 이상이다. '창작산업(창작 · 저작권, 아이디어권, 특허권)이나 문화예술산업(재능권, 예능권, 음원권, 체육권, 오락권)'으로 발전하기도 한다. 나아가 '향락산업'에 까지 영향을 미칠 수도 있다. '달란트권(가설 talents-abiiity)'은 섬기도록 주어진 천부적 특권이다. 그런데 이기화하거나 산업화하는 순간 재앙이 될 수 있다.

'달란트권(가설 talents-abiiity)'은 이를 찾아내고 향상시키기 위한 각고의 노력과 인내를 결코 간과할 수는 없다. 그럼에도 달란트권(가설 talents-abiiity)이 천부적이란 것을 부인하거나 뛰어넘을 수도 없다. 노력과 성실만으로는 이룰 수 없고 누구나 가질 수 없는, 하나님으로부터 받은 특권이 달란트권(가설 talents-abiiity)이기 때문이다. 이로 인해 누리는 명예나 부는 충분히 인정할 수 있다. 그러나 섬기라고 주신 사명을 망각하고 그들이 얻은 창작권이나 특허권 예능적 재능권 정치적 영향력, 경제적 부를 이기화하거나 재화권과 결합시키면 세상은 돌이킬 수 없는 불균형을 초래하게 된다. 달란트권(가설 talents-abiiity)으로 형성된 재화가 불로소득을 유발시키는 쪽으로 발전하면 빈부격차나 차등화는 해소하기가 불가능해진다.

'달란트권(가설 talents-abiiity)'은 하나님으로부터 섬기라고 받은 것이다. 하나님의 영광을 드러내는 도구로 쓰임 받아야 한다.

그래야 온 인류가 행복을 공유할 수 있다.

유통산업에서부터 지식산업에 이르는 분야는 순간적으로, 때로는 단번에, 기존 통념을 깨 버리거나 뒤집어 버리기도 한다. 인터넷 AI 빅테크 게임산업 등에서 속된 말로 대박을 터뜨리면 단번에 독점지배나 상상할 수 없는 부를 형성 시킨다. 전자산업의 발달과 더불어 한 프로그램 개발이 세계적인 거부로 단번에 발돋움시킨다. 일례로 우리나라에서도 전자게임을 개발한 김○○ 회장 같은 경우 불과 2-30년 만에 한국 최고의 거부로 우뚝 선다. 그런가 하면 타고난 달란트로 트롯 가수가 되어 하루아침에 부와 명성을 갖기도 한다.

가장 큰 고민은 이러한 산업은 고용을 창출하는 분배효과가 미미하다는 것이다. 그리고 단시일에 급격하게 형성된 큰 재화는 불로소득을 창출시키는 재화로 발전할 수 있는 위험이 내포되어 있다는 것이다. 이것을 극복하기 위한 사회적 고민이 요청되는 시점이다.

자본주의는 소유욕을 통제하지 못함으로 공동체의식인 '한몸의식'을 회복시키지 못하고 있다. 빈부격차를 해소하기 위한 노력이 절실하다. 하나님의 주도권을 망각하는 순간 공동체의 '한몸의식'

은 함몰된다. 인간이 추구하는 역사발전은 공동체 행복을 구성원 모두의 행복으로 만들지 못하고 있다.

자본주의의 발전은 '능력사회'로 전환 시켰다. '능력주의'는 '생명 경시, 물질 만능주의'가 되어 공동체를 허물어 가고 있기 때문이다. 빈부격차나 지나친 차등화는 공평케 하시고 함께 살아가게 하신 하나님의 뜻과 점점 멀어진다. 공존과 공생의 최대 적이 되고 있다. 심각성은 창조원리인 결혼이나 출산을 거부하고 인구 감소의 결과로 귀착되고 있다. 모두의 행복이 중단되고 공멸의 길이 된다. 공동체 발전이 구성원 모두의 행복에 미치지 못하는 한계이다. 함께 사는 세상을 지탱하기가 어려워질 수 있다. 창조주의 뜻이 아니다.

인간이 찾아낸 가장 위대한 역사는 민주주의와 자본주의이다. 그럼에도 공동체의 발전이 구성원 모두의 행복을 만들지 못하는 한계점을 드러내고 있다. 극복보다는 심화되고 있다.

민주주의란 의사를 다수결로 결정함으로 소수의 소외됨과 차등에 대한 문제는 온전히 해결하지 못하고 묵언적 합의로 최후의 수단이 될 뿐이다. 법에 따라 재판을 하지만 억울함을 호소하는 피해자는 늘어만 간다. 합의로 만들어 낸 제도라 할지라도 최후의 보루는 될지언정 최상의 방법은 되지 못하는 것이다.

자본주의는 시장경제를 바탕으로 자유경제를 추구하면서 인류의 번영을 이룩하고 있지만, 빈부격차의 문제는 극복하지 못하고 있다. 세금제도 복지제도 등 각양의 보완대책을 강구해 보지만 불균형에 대한 진정한 해소는 이루지 못하고 있다. 날로 더 심각해지는 데 문제가 있다. 공산사상을 바탕으로 한 정치적 공산국가는 이미 실패한 제도임이 확인되었다. 인간이 주도하는 어떤 제도도 공동체의 발전을 구성원 모두의 것으로 만들지는 못하고 있다.

역설적이지만 정치에서 '민주주의(다수결)나 법치주의(재판)'는 지배욕을 보장받는 통로로 정당화될 수 있고, 경제에서 '자본주의(시장경제)'는 소유욕을 충족시키는 자유를 허락받아 타락한 인간의 욕망과 욕구를 충족시켜 주는 제도가 되어 18세기 이후 발전을 거듭하고 있는 것은 아닐까 하는 '의구심'이 생긴다.

살펴본 바와 같이 한계성이 극복되는 것이 아니라 점점 더 깊어지고 있는 것이 문제이다. '빈부격차와 카르텔로 만들어지는 계층화'는 점점 더 심각해지고 있다.

공동체를 발전시키려 한 도전이 이제는 공동체를 허무는 도구로 전락될 수 있다. 인간의 탐욕인 지배욕과 소유욕이 없어지지 않는 한 극복하기란 쉬운 일이 아니다**(표 참조)**.

〈인간이 주도하는 역사발전의 요약〉

중심권	중심역할	부작용	추구	반작용	반전의 역사
신 비 권	선악/자연	인간 존엄성 회의	해방		휴머니즘 잉태
지 주 권	농업(봉건사회)	대지주 등장	분할	농민봉기	만인투쟁에서 사회계약으로
왕 권	국가 등장 무력지배권	권력·무력 지배 군주·전제국가등장	자유 평등	부르주아(시민)혁명	**민주주의 탄생** (정치지배구조)
재 화 권	**자본주의 발생** 공업발달(기술)	새 부르주아 등장 자본지배(정치화)	균등	보수 진보(이념화) 프롤레타리아혁명	공산국가 등장 (경제·정치융합)
	상업발달(무역) 능력사회 전환	독점, 재테크	제한 분배	정치·경제통합체계 우파 좌파(정치화)	사회주의 등장
달란트권 (가설)	**창의권(특허권) 재능권(천부권)**	**지식·재능 이기화 물질만능·생명경시**	**공생**	**양극화 고착 해소 생명 존엄 회복**	**공존사회 구현**

*주) 평등은 조건에서, 균등은 결과에서

인간은 사회적 존재로 개인의 행복은 공동체의 행복과 떼려야 뗄 수 없는 관계이다. 인간은 함께 더불어 살아가도록 지음 받았지만, 치열한 경쟁사회 능력사회가 되면서 점점 개인주의만 팽배해졌다. 공동체의 행복이 구성원 모두의 행복을 만들지 못하고 있다.

문제의 핵심은 창조 섭리인 '공동체 의식'이 상실되어 가고 있다. 행복을 위해서는 회복되어야만 한다.

'공동체의식'은 구분하면 둘로 나눌 수 있다. '한몸의식'과 '동행의식'이다.

이 장에서는 '한몸의식'에 대해서 깊이 묵상했다.

'동행의식'에 대해서는 다음 2장에서 묵상할 것이다.

인간은 개체로 존재하지만, 공동체를 이루고 함께 살아가게 창조되었다. 공동체를 영위하기 위한 가장 중요한 것은 '한몸의식'이다. 예수님은 오셔서 이것을 회복시키시기를 원하신다. 긍휼의 마음만이 회복할 수 있는 것이다.

예수님은 이 땅에 오셔서 파괴되어 가는 공동체를 회복시키시고 살리는 길을 내신 것이다. 공동체를 살려내는 데 중요한 것은 '한몸의식'이다.

'한몸의식'이란?

(고전 12:12) 몸은 하나인데 많은 지체가 있고 몸의 지체가 많으나 한 몸임과 같이 그리스도도 그러하니라

'한몸의식'은 곧 '지체(肢體)의식'이고 '공생(共生)의식'이다. 함께 살아야 한다.

맛있는 음식을 먹으러 가는데 입의 행복을 위해 다리가 힘들게 걸어갈 필요가 있는가라고 반문할 수 있겠는가? 입의 행복은 곧 다리의 행복이다. 이것이 '한몸의식'이다.

가정을 이루면서 부부는 각자이지만 또한 한 몸이다. 우리는 사회 안에서 개체로 살지만 한 공동체 한 국가 안에서 사는 한 몸이다. 우리는 여러 국가 안에서 살지만, 지구촌 안에서 한 몸으로 기후 환경에 대처해야 한다.

사회 전체를 보자면 공동체의 발전과 행복은 구성원 모두의 행복과 연계되어 있어야 한다. '함께'라는 필연을 점점 잃어버리고 입만,

다리만, 나만, 우리 가족만, 개체만, 존재할 수 있다고 착각한다. 공동체 행복과 구성원 모두의 행복 연결고리가 약해지는 것이다.

'한몸의식'은 한 몸이고 같은 지체이기 때문에 분리할 수 없는 상태이다. 사회 공동체는 개체로 존재하지만, 공동체로는 한 몸인 것이다. 지체가 아프면 몸 전체가 아프단 사실을 기억해야 한다. '긍휼히 여기는 마음' 없이는 함께 공생할 수 없는 것이다.

예수 그리스도는 십자가를 통하여 거듭난 공동체로 하나 됨을 회복시키신 것이다. '한몸의식'에서 가장 필수적 요소이고 구체적인 것은 '긍휼히 여기는 마음'이다.

예수님은 일찍이 8복에서 다섯 번째로 '긍휼히 여기는 자가 행복하다.'고 가르치고 있다.
예수님의 마음, 긍휼히 여기는 마음만이 공동체 행복이 구성원 모두의 행복이 되는 길이다.

(마 9:13) 너희는 가서 내가 긍휼을 원하고 제사를 원하지 아니하노라 하신 뜻이 무엇인지 배우라 나는 의인을 부르러 온 것이 아니요 죄인을 부르러 왔노라 하시니라

'고르게 함과 돌봄'으로 긍휼을 행해야 모두 모두 행복해진다. 공생하는 길이다.

(고전 12:24-26) 우리의 아름다운 지체는 그럴 필요가 없느니라 오직 하나님이 몸을 **고르게** 하여 부족한 지체에게 귀중함을 더하사 몸 가운데서 분쟁이 없고 오직 여러 지체가 서로 같이 **돌보게** 하셨느니라 만일 한 지체가 고통을 받으면 모든 지체가 함께 고통을 받고 한 지체가 영광을 얻으면 모든 지체가 함께 즐거워하느니라

하나님은 공동체를 허락하셨고 구성원들은 '공동체 의식'을 가져야 한다. '공동체 의식'에서 깨달아야 하는 것은 '한몸의식'이다. '한몸의식'이란 구성원 모두가 '함께'라는 사실을 받아들이는 것이다. 서로에게 '긍휼의 마음'을 가져야 존립이 가능한 것이다. 지체가 아프면 온몸이 아프다는 것을 구성원 모두가 깨달아야 한다. '고르게 함과 돌봄'(고전 12:24-26)으로 낙오자가 발생하지 않도록 해야 한다. 새 계명을 따라 '서로 사랑해야 한다(요 13:34)'. 모두가 함께 행복해지는 길이다.

(요 13:34) 새 계명을 너희에게 주노니 서로 사랑하라 내가 너희를 사랑한 것 같이 너희도 서로 사랑하라

의에 주리고 목마른 자 되어 '하나님의 의'를 최우선 할 때만 가능하다. 민주주의의 자유와 평등을 넘어 '긍휼히 여기는 마음으로 돌봄'이 있어야 한다. 자본주의 능력주의에서 함께 살아가기 위해 '서로 사랑하고 고르게 함'이 있어야 한다.

'한몸의식'이 무너져 내린 과정 하나를 살펴보자.

'한몸의식'은 업어 키우고 안고 키우면서 자연스럽게 세워졌었다. 그런데 '어부바' 세대가 오늘날은 '유모차' 세대로 바뀌었다. 업어 키우고 안아 키우던 자녀가 유모차로 키우고 엄마 품이 아닌 요람기에서 잠이 든다. '한몸의식'이 자라지 못한다. 그래서 유모차 세대에게 스킨십을 많이 강조하고 있는 것이다.

'한몸의식'은 창조원리의 회복이요 치유이다. 모두가 함께 살아나는 길이다. '한몸의식'은 긍휼의 마음으로 언제나 '살리는 일-공생'에 목표를 두어야 한다.

세상은 사상논쟁과 정복으로 죽이기를 목표로 하고 있다. 동상(凍傷)으로 썩어져 가는 발가락이라 할지라도 잘라내는 일은 최후이어야 한다. 존립을 위한 최소한의 방어 전쟁 이상이 정당화되어서는 안 된다.

하나님은 가인도 이스마엘도 살려 두셨다.

예수님은 간음한 여인을 살려 주신다.

하나님의 섭리에는 보존 통치 협력이 있다.(기독교 교리 요약.
루이스 벌고프 저, 박수준 역, 도서출판 소망사. 1999. p76)

하나님의 새 계명은 '서로 사랑하라'이다.

예수님이 제시하는 행복이어야 참 행복이 된다. 그래서 예수님은
여덟 가지 행복에서 '긍휼히 여기는 자가 행복하다'고 가르치신다.

**국가 소득지수나 민주화 척도가 국민 모두의 행복지수와 일치하
지는 않는다.**

타락한 인간이 추구하는 세상, 역사발전에는 정답이 없다.

투쟁과 정복에서 타협과 계약으로 공존을 유지해 갈 뿐이다. 긍
휼만이 보존과 공생의 길을 견고히 할 수 있다.

인간의 지혜는 한계가 있음을 자각하고 창조섭리를 따라 공존해
야 한다. 함께 살려는 공동체 의식을 가지고, 긍휼의 마음으로 서
로 사랑해야 한다. 공동체 행복을 구성원 모두의 행복으로 만들어

야 하는 것이다.

그의 나라와 의를 구하며 함께 행복해지기를 힘써야 한다.
긍휼히 여기는 예수님의 마음을 가져야 한다.
긍휼은 피드백과 재생산성이 매우 강하다. 긍휼히 여기는 자는 행복하다. 긍휼히 여김을 받을 것이다. 공동체의 행복이 구성원 모두의 행복이 되는 것이다.

'자유와 평등'의 가치를 이제는 창조 인간 회복과 보존을 위해 '긍휼과 사랑'으로 승화시켜야 한다.

심령이 가난한 자 되어 하나님의 경륜 앞에 겸손해져야 한다. 온유한 자가 되어 순종과 화목하게 하는 자가 되어야 한다. 의에 주리고 목마른 자 되어 하나님의 의를 구해야 한다.

긍휼히 여기는 자로 거듭나 서로 사랑하여야 한다.
모두 모두가 행복해진다.

인류 염원인 성장과 발전이란 아젠다는 행복론인가?

인류나 개인 누구나 바라고 원하는 바는 성장과 발전이다.

그런데 엄밀히 말하자면 개인에게는 성장과 성숙이란 구별이 있다. 자녀들이 나이가 들면서 신체적 성장이 온다. 그러나 인격적 성숙이 오지 않는다면 부모는 안타까울 것이다. 그래서 상담학에서 아직 자라지 않은 '성인아이'라는 용어를 쓴다.

공동체에서도 성장과 발전을 구별해 볼 필요가 있다.
공동체에서 갈망하는 성장과 발전은 특히 국가 비전이나 경제와 함께 많은 아젠다가 되었다. 그런데 엄격히 구별해서 성장을 커 나감으로 정의한다면, 발전은 성숙과 같이 정의할 수 있다. 누군가가 발전을 '공동체 구성원의 바람직한 상태로의 변화'로 정의하는 것을 본 적이 있다. 공동체 구성원의 행복지수라고 표현할 수도 있을 것이다.

성장은 발전의 필요요건이지만 충분요건은 되지 못한다. 성장과 발전을 구별하는 이유이다. 구성원의 바람이 성장 100%일 수는 있

으나, 발전과 동일어는 아니다. 불균형성장을 통제하여 균형성장
을 이룰 때만이 발전되었다고 할 수 있을 것이다. 즉 구성원 모두
의 행복지수가 향상된 상태를 말하는 것이다.

선진국과 행복지수가 비례하는 것은 아니다. 성장이란 명목으로
정복전쟁이나 지배전쟁도 불사한 적이 있었다. 나의 성장이 상대
를 불행하게 만든다는 사실을 모르는 어리석음이다.

성장과 발전은 이념화하면서 보수주의는 시장경제를 바탕으로
성장 우선에 목표를 둔다. 진보주의는 분배에 우선순위를 두어 성
장을 더디게 하거나 침체시킬 수도 있다. 그러나 어느 것도 치우치
면 진정한 발전이 될 수 없다.

교회도 비단옷 입은 자 중심으로 치우쳐 번영신학이나 기복신앙
과 영합하면 더 빨리 성장할 수도 있다. 그러나 십자가 신앙(희생
신앙, 나눔신앙)이 약해지면 반드시 쇄락한다. 르네상스의 지상낙
원도 헛된 꿈이지만, 교회도 신앙적 지상낙원주의를 추구해서는
안 된다.

세상에서 자본주의가 공산주의보다 우월하다고 해서 정답이라고
할 수는 없다. 차선이지만 최후의 보루이기에 존중하며 가야 한다.
보수주의든 진보주의든 정답이 되지 못한다. 민의에 의해 정권이

나 지배계층이 자주 교차되면서 격차가 해소된 성장이 되어야 진정한 발전이 된다.

　오늘날 공동체 선은 성장보다 차등(빈부, 계층, 지식) 해소로 행복지수를 높이는 일이 되어야 할 수도 있다. 공동체 발전이 구성원 모두의 행복이 되지 못하는 한계를 극복해야 한다.

　인류 역사는 뜻하지 않는 사건이나 연약한 민초들이나 보이지 않는 손을 통하여 끊임없이 전진해 가고 있다. *역사발전의 주권자가 인간이 아니란 것이다.*

(시 127:1-2) 여호와께서 집을 세우지 아니하시면 세우는 자의 수고가 헛되며 여호와께서 성을 지키지 아니하시면 파수꾼의 깨어 있음이 헛되도다 너희가 일찍이 일어나고 늦게 누우며 수고의 떡을 먹음이 헛되도다 그러므로 여호와께서 그의 사랑하시는 자에게는 잠을 주시는도다

2장
나의 행복이 너의 행복이 되지 못하는 한계

개인주의 이기주의 능력주의가 극에 달하는 세상이다.

나의 행복이 너의 행복이 되어 공존할 수 있는 한계를 극복하기
란 불가능하다.

더불어 산다는 '동행의식'을 가지고 '화평'을 최우선 할 때만 극복
할 수 있다.

예수님은 8복에서 '화평케 하는 자가 행복하다.'고 가르치시고
있다.

남의 불행이 나의 행복으로 착각하며 살 때가 있다.

나의 행복이 다른 사람의 불행이 될 수도 있다는 사실을 모르고
살기도 한다. 나의 행복이 더불어 행복이 되어야만 진정한 행복인
것이다.

내가 복을 받았는데 모두가 아파한다. 시기와 분열이 생긴다. 진
정한 복이 아니다. 내가 복을 받으니 박수를 친다. 사모하고 모두

가 그 길을 추구한다. 내가 행복하니 주변도 행복해진다. 공동체가 살아난다. 참 행복이다.

인간은 에덴에서 마귀의 꾐을 받은 이후 비교의식의 환경에서 살아가게 되었다.

'하나님과 같이 된다'는 비교의식의 꾐에 빠짐으로 타락하게 된 것이다. 이후로 인간은 하나님의 절대주권을 잃어버리고 끊임없는 비교의식 가운데 살아가고 있다. 경쟁 사회로의 돌입이다. 치열한 경쟁 사회는 정복, 지배, 빼앗음으로 누리는 행복이 행복인 줄로 착각한다. 나의 행복이 너의 행복, 너의 행복이 나의 행복이 되지 못한다.

아무리 경쟁 사회라 할지라도 올림픽경기에서는 승자도 패자도 서로 축하하고 박수를 받는다. 이유는 공정한 규칙을 수용하고 선의의 경쟁을 하기 때문이다. 최선의 삶 가운데 얻어지는 행복이다. 수고와 애씀으로 박수받는 행복이 되어야 나의 행복이 너의 행복이 된다. 그런데 인간의 삶에서 공정한 룰을 세운다는 것은 불가능하다. 수용하기도 어렵다. 정답이 없다. 공동체를 만든 하나님, 성경만이 정답을 제시한다. 그래서 인간은 의에 주리고 목마른 자가 되어야 행복의 길을 얻게 되는 것이다.

하나님과의 단절은 자존감 상실이고, 정답이 없는 세상을 살게 되었다. 소견대로 산다.

인간은 공동체 안에서 살지만, 개체를 유지하고 산다. 개체를 유지시키는 것이 자존감이다. 그런데 이 자존감이 타락과 함께 하나님과의 관계가 흩뜨려지면서 무너졌다. 자존감이 무너지면 나의 행복이 너의 행복, 너의 행복이 나의 행복을 만들 수 없다.

(삿 21:25) 그 때에 이스라엘에 왕이 없으므로 사람이 각기 자기의 소견에 옳은 대로 행하였더라

공동체를 형성해야 하는 인간은 '공동체 정의'를 세우지만, 이기주의를 극복하지 못한다. *하나님을 왕으로 모시지 않음으로 자기 소견대로 산다. 세상에 정답이 없어졌다.*

– 세상에는 정답이 없다(종종 묵상하던 것들).

수학에는 정답이 있을 수 있지만, 사회학은 정답이 없다.
사상에는 정답이 있을 수 있지만, 예술에는 정답이 없다.
이성에는 정답이 있을 수 있지만, 감성에는 정답이 없다.
재판에는 정답이 있을 수 있지만, 용서에는 정답이 없다.

정의에는 정답이 있을 수 있지만, 사랑에는 정답이 없다.

관리에는 정답이 있을 수 있지만, 관계에는 정답이 없다.

물체에는 정답이 있을 수 있지만, 인간에는 정답이 없다.

출생에는 정답이 있을 수 있지만, 죽음에는 정답이 없다.

죽이는 데는 정답이 있을 수 있지만, 살리는 데는 정답이 없다.

정답이 없는 세상을 정답이라 우기며, 자기만 의롭다 여기고 자기 기준으로 남을 정죄한다. 살리는 삶이 아니라 죽이는 삶을 추구한다. 서로의 행복을 허무는 자가 된다.

내 생각이 다른 사람의 생각과 똑같지 않음을 언제나 전제해야 한다. 내 생각은 아주 부분적이고 누구나의 것이 되지 못한다는 사실을 알아야 한다. 내 것으로 전체를 만들려는 욕심을 내려놓아야 한다. 단정적이고 단언적인 주장을 절제해야 한다.

인간의 주장과 논리에는 분명 한계가 있다. 인간은 유한자이기 때문이다. 사상과 이념은 역사의 변곡점을 만들려 하거나 비전과 대안적 성격이 짙다. 그러나 논리와 주장은, 보다 구체적이고 관철하려는 의도가 강하다. 그래서 상대방의 의견을 수용하기보다는 비판하거나 배타적일 수밖에 없다. 화합과 타협으로 중도를 향하기보다는 극단으로 치우칠 우려가 크다. 특히 극단적 정치가 되면 상대를 적대시하거나 공존할 수 없는 존재로 간주하는 맹점이 있다.

인간들은 누구나 자기주장과 논리를 펼치면서 살아간다. 그렇지만 그것은 지극히 단편적인 것이고, 또한 희미한 것이다. 온전한 누구나의 것, 모두의 것이 될 수 없다.

자신이 '맹인모상(盲人摸象)'에 빠져 있음을 모르고 자기 기준으로 자기주장만 강조한다.

맹인모상 이란 장님이 코끼리를 만진다는 뜻으로, 전체를 보지 못하고 자기가 알고 있는 부분만 가지고 고집한다는 말이다(두산백과).

이 우화는, 진리를 알기 위해서는 바른 눈과 깊은 지혜가 필요하다는 것을 말하는 것이다. 사람은 누구나 자기가 알고 있는 만큼만 이해하고 고집하려 한다는 사실을 깨우쳐 주기 위한 것이다. 자기주장만을 계속 고집하는 행위는 옳지 않다는 교훈이다.

신실한 신앙인이라 할지라도 종종 이런 함정에 빠진다.
하루살이가 사람을 논할 수 없듯이 100년 인생이 어찌 무한한 하나님을 논하겠는가. 거짓이 아니고 부분적 참이라 하더라도 전체를 뜻할 수는 없다. 겸손과 존중이 필요하다.

욥과 욥의 세 친구들을 회개시킨 하나님을 만나야 한다.
욥과 욥의 세 친구들이 부분적으로 아는 하나님에 대한 지식이
틀린 것은 아니다. 그러나 하나님을 다 아는 양 고집하며 주장하는
잘못이 있기에 회개시켰다.

"욥이 여호와께 대답하여 이르되 주께서는 못 하실 일이 없사오
며 무슨 계획이든지 못 이루실 것이 없는 줄 아오니 무지한 말로
이치를 가리는 자가 누구니이까 나는 깨닫지도 못한 일을 말하였
고 스스로 알 수도 없고 헤아리기도 어려운 일을 말하였나이다 내
가 말하겠사오니 주는 들으시고 내가 주께 묻겠사오니 주여 내게
알게 하옵소서 내가 주께 대하여 귀로 듣기만 하였사오나 이제는
눈으로 주를 뵈옵나이다 그러므로 내가 스스로 거두어들이고 티끌
과 재 가운데에서 회개하나이다(욥 42:1-6)" 욥의 고백이다.

욥을 판단한 세 친구 엘리바스, 빌닷, 소발 뿐 아니라 하나님이
동방의 의인이라고 인정한 욥이라 할지라도 하나님에 대해서 자기
기준으로 판단하고 단정함은 큰 죄가 된다. 하나님은 그보다 크시
기 때문이다. 엘리후의 분별력이 필요하다.

**오늘날은 개인적 논리나 주장을 거침없이 표출하는 다양한 시대
가 되었다.**

다니엘을 통한 예언이 현실이 된 것 같다. 정보사회가 되면서 유
튜브를 통하여 각자 소견대로 자기의 삶을 거침없이 드러내고 있
다. 그들의 표현은 '정답이다'는 선포도 아니고 '이렇게 살아라'는
설득도 아니다. 다만 '나는 이렇게 살아간다'는 것뿐이다.

(단 12:4) 다니엘아 마지막 때까지 이 말을 간수하고 이 글을 봉
합하라 많은 사람이 빨리 왕래하며 지식이 더하리라

MZ 세대를 향하여 이렇게 살아야 한다. '이게 인생의 정답이
다.' 하는 순간 그는 그들에게서 배척을 받게 될 것이다. 그저 '나
는 이렇게 산다.'라고 만 해야 한다. 오늘날 복음증거의 벽이 여기
에 있다.

예전에는 한 사람의 사상이나 철학은 몇몇 제자들에게 가르침을
통해 전수되어 왔다. 그러다가 인쇄 문명의 개발로 인간의 사고는
활자화되어 책으로 보급되면서 세상을 바꾸었다. 대표적인 것 중
하나가 마틴 루터의 종교개혁이다. 그런데 21세기에 들어오면서
정보산업은 하루가 다르게 발전되고 있다. 모든 정보는 정제되기
도 전에 각자에 의해 순식간에 지구 전체에 영향을 줄 수 있을 만

큼 급속하게 전파된다.

이와 같이 다양한 모습의 삶이 드러나는 가운데 모형적인 삶을 추구한다는 것은 불가능하다. 제시한다 해도 받아들이지도 않는다. 전에는 선각자나 위정자, 교육이나 언론을 통해 중지가 모아졌다. 그러나 현세대는 정말 다양한 것들이 거침없이 드러나고 있다. 너무나 다양하고 넘쳐나는 정보를 통합하고 균형을 잡는다는 것은 물리적으로도 불가능하다. 오로지 AI를 통해서만 다수의 의견으로 집약하고 모범을 얻는지도 모르겠다. 여기에 함정이 있다.

이제 AI의 등장은 사고를 뛰어넘어 예술 창작 분야까지 발전하고 있다. 인간의 감정까지도 접목한 기계 두뇌 AGI의 탄생이 현실화되었다. 기계 두뇌는 머지않아 사람을 지배할지도 모른다. 오늘날 전쟁은 이미 드론으로 판도를 바꾸고 있다. 그런데 AGI가 다스리는 로봇부대가 있다고 해 보자. 공상 만화에서나 보던 외계인이 되어 인류를 공격하는 날이 도래될지도 모른다.

혼돈의 세상 가운데 자기 옳다는 대로 살려는 인간은 내 주장만이 정답이라고 외친다. 정답 아닌 것을 정답이라 우기며 고집을 피우기도 한다. 내 것을 네 것으로 네 것을 나의 것으로 허용하지 않는다. 나의 행복이 너의 행복이 될 수 없고 너의 행복이 나의 행복이 될 수 없다.

자기주장은 언제나 옳고 자기편을 만들려는 이기주의는 날로 강해진다. 적으로 돌리고 편 가르기를 하고 정복하고 죽이기이다. 보존과 공존의 길은 어두워진다.

내 의가 정답이 아니라고 인정할 준비가 되어 있어야 한다. 내편으로만 만들려 하지 말고 상대편도 인정해 주는 겸손과 공존의식이 있어야 한다. 같음과 다름을 인정하고 존중하며 서로 사랑하며 살리기에 힘써야 한다.

유한자 인간은 시공의 한계를 가지고 사는 청지기이다. 하루살이 같이 짧은 인생이기에 영원 안에서 해석하기에는 늘 한계가 있다. 오늘의 정답이 다음 세대에 정답이 되지 못한다. 인간이란 세상을 볼 수 있는 눈이 제한되어 있다. 편견에 치우칠 수밖에 없는 한계성을 가지고 있다. 부분밖에 보지 못하므로 치우치거나 편협할 수밖에 없다. 그들의 시야 잣대 관점 판단 가치 사상 심지어 공동체 합의로 만든 법 정의라 할지라도 진정한 공의가 되기에는 한계가 있다. 이곳의 정의가 저곳의 정의가 될 수 없다.

탐심과 이기주의에 가득한 타락한 인간의 주장과 논리는 언제나 자기중심적이다. 주관적이며 동조자를 얻기 위해 편 만들기에 급급할 수밖에 없다. 자기편에는 관대하지만, 상대방의 논리와 주장에는 관용과 포용보다는 정죄의 법, 죽이는 법을 사용한다. 정답이 될 수 없다.

부분적인 것이 참일지라도 전체를 대변할 수는 없다. 인간은 있는 대로 보지 않고 보고 싶은 것만 보고, 듣고 싶은 것만 들으려 한다. 가장 위험한 것은 믿고 싶은 것만 믿는다는 사실이다. 각자의 논리와 주장(비판)에서 영원하고 온전한 정답을 찾을 수 없다.

세상은 '공동체 의식'이 파괴되고 날로 '동행의식'이 없는 극단적 이기주의로 치닫고 있다.

성경은 말세에 고통의 때가 도래한다고 예언하고 있다. 극단적 이기주의로 향하고 있다.

(딤후 3:1-4) 너는 이것을 알라 말세에 고통하는 때가 이르러 사람들이 **자기를 사랑**하며 돈을 사랑하며 자랑하며 교만하며 비방하며 부모를 거역하며 감사하지 아니하며 거룩하지 아니하며 무정하며 원통함을 풀지 아니하며 모함하며 절제하지 못하며 사나우며 선한 것을 좋아하지 아니하며 배신하며 조급하며 자만하며 쾌락을 사랑하기를 하나님 사랑하는 것보다 더하며

말세는 사랑이 식어 '냉랭하다' 하지만, 실상은 그릇된 가치에 너

무 열정적으로 빠져 있다. 자기를 사랑하며, 돈을 사랑하며, 쾌락을 사랑하는 세대가 된 것이다.

개인주의 이기주의만이 날로 팽배해져 간다. 나의 행복이 너의 행복이 되지 못하고 너의 행복이 나의 행복이 되지 못한다.

말세 인간들은 자기와 돈과 쾌락을 사랑하기 때문에 배려와 존중이 없다. 자기의 주장과 논리만 펴려고 한다. 자기만을 사랑하게 된 타락한 인간은 언제나 자기중심적이다. 자기보호 본능적이며 이기적이다. 나와 다르면 편 가르기를 한다. 배척하거나 적으로 간주하고 진멸과 정복의 대상으로 삼는다. 자기중심주의는 살리는 자가 아니라 죽이는 자가 된다. 행복 파괴다.

자기사랑으로 이기주의의 극치에 다다르면 영아살해, 근친 살해도 망설임 없이 행한다. 나 외에는 누구나 모두 적이다. 돈을 사랑하기에 생명을 경시하고 물질 만능주의에 빠진다. 쾌락 사랑으로 근친상간, 동성연애, 마약, 도박 등 헤어날 길이 없다.

절망세대를 넘어 체념세대가 되면서 극단주의가 팽배해지고 있다.

지금으로부터 30년 전, 오늘날 MZ 세대가 등장하기 전, 일본을 방문한 일이 있다. 젊은이들이 퇴근 시간에 길거리 게임기 앞에 문전성시를 이루는 현상을 보고 현장에서 질문한 바가 있다. 돌아온

답은 일본의 젊은 세대는 희망을 잃었다는 것이다. 알바를 해서 하루하루 살아가고 게임기 앞에서 스트레스를 풀고 있다는 것이다. 오늘날 대한민국의 MZ 세대는 절망과 불평을 넘어 포기세대로 전환되었다. 결혼, 출생, 자립을 포기하고 하루하루 산다.

향락과 모험 등 극단주의만이 만연해지고 있다. 고립과 마약, 강탈과 살인, 무차별적 폭행과 살상이 행해진다. 생명이 경시되어 파리 목숨이 되고 있다. 욕망을 부추기는 향락사업 마약 산업까지 등장하여 어디로 갈지 예측할 수가 없다. 공동체 모두의 불행이 시작된 것이다.

공동체를 창조하신 하나님은 동행하며 살도록 하셨다. '동행의식'의 회복이 필요하다.

'동행의식'은 하나님과 동행에서부터 행복을 맛보게 한다.

(창 5:24) 에녹이 하나님과 동행하더니 하나님이 그를 데려가시므로 세상에 있지 아니하였더라

하나님은 우리와 동행을 회복하시려 예수님을 이 땅에 보내셨다.

(마 1:23) 보라 처녀가 잉태하여 아들을 낳을 것이요 그의 이름을 임마누엘이라 하리라 하셨으니 이를 번역한즉 하나님이 우리와 함께 계시다 함이라

인간은 공동체 안에서 살도록 창조되었다, 혼자 살지 못한다. 우리는 '함께' 살아야 하며 '더불어' 살아야 한다.

공동체로 보존되기 위해서는 '한몸의식'과 '동행의식'이 있어야 한다. 함께 살려면 '한몸의식'(고전 12:12)이 매우 중요하다. 공생의식이고 살리는 길이다. 더불어 살려면 '동행의식'(마 5:41)이 매우 중요하다. 공존의식이고 모두 사는 길이다.

'한몸의식'은 1장에서 깊이 묵상해 보았다.
본 장에서는 '동행의식'에 대하여 깊이 묵상해 보고자 한다.

예수님은 이 땅에 오셔서 공동체가 유지되고 보존되도록 '동행의식'을 강조하셨다.

'동행의식'이란?

(마 5:41-42) 또 누구든지 너로 억지로 오 리를 가게 하거든 그 사람과 십 리를 동행하고 네게 구하는 자에게 주며 네게 꾸고자 하는 자에게 거절하지 말라

우리는 태어나면서부터 가족과 함께 더불어 살아야 한다. 자라면서 친구들과 더불어 살아간다. 성장하여 배우자와 더불어 평생 살아야 한다. 도시생활 가운데서도 좋든 싫든 함께 지하철을 타고 동행하며 이동해야 한다. 동행자는 갈등관계가 아니라 필요한 관계이다.

(전 4:9-12) 두 사람이 한 사람보다 나음은 그들이 수고함으로 좋은 상을 얻을 것임이라 혹시 그들이 넘어지면 하나가 그 동무를 붙들어 일으키려니와 홀로 있어 넘어지고 붙들어 일으킬 자가 없는 자에게는 화가 있으리라 또 두 사람이 함께 누우면 따뜻하거니와 한 사람이면 어찌 따뜻하랴 한 사람이면 패하겠거니와 두 사람이면 맞설 수 있나니 세 겹 줄은 쉽게 끊어지지 아니하느니라

'동행의식'은 '공존(共存)의식'이고 새로운 창조를 잉태할 수 있다. 동행하면 갈등이 생기지만 다양함은 새로운 조합 안에서 창조가 나온다. 새 생명의 탄생이 대표적이다. 유전자의 다양한 결합은 새 생명의 신비이다. AI는 경험론의 결정체는 만들 수 있어도 새로운 창조는 불가능하다.

우리는 모두 하나님의 목적하에 의미 있는 피조물이고 각각의 다름을 통하여 새로운 모습의 창조를 위해 필요한 존재이다.

'동행의식'은 더불어 살며 합력하여 선을 이루는 것이다.

(롬 8:28) 우리가 알거니와 하나님을 사랑하는 자 곧 그의 뜻대로 부르심을 입은 자들에게는 모든 것이 합력하여 선을 이루느니라

동행하며 더불어 살려면 합력하고 화평해야 한다. 온유한 자가 되어야 한다.

세상에 필요 없는 것은 없다. 창조원리이다.
속담에 '개똥도 약에 쓰려면 없다.'고 한다.
하나님은 각자가 존재할 수 있도록 창조하셨다.
속담에 '굼벵이도 구르는 재주가 있다.'고 한다.
자존감이 회복되고 정체성이 확립되어야 화평하게 하는 자가 될 수 있다. 열등감과 우월감은 너의 행복이 나의 행복, 나의 행복이 너의 행복이 되지 못하게 한다.

파괴된 심령이 치유받고 회복되어야 공동체 안에서 건강하게, 더불어 살아가게 된다. 예수 그리스도를 만남으로 구원받고 정체성과 자존감이 회복되어야 한다. 비로소 시기 질투심을 버리고 자

기주장만을 고집하지 않고 서로의 행복을 세울 수가 있다.

공존하기 위해서는 '동행의식'이 매우 중요하다. 더불어 살려는 노력이 필요하다. 서로 간에 너와 나 사이에 다름을 인정하고 배려하며 수용하고 존중해야 한다. 더불어 살려는 '동행의식'에는 '화평'이 최대 덕목이다. 내 것만 고집하고 굴복시키려 해서는 안 된다. 원수도 사랑하며 비판과 판단을 유보하고 배척이나 진멸, 정복을 시도해서는 절대로 안 된다.

(신 12:8) 우리가 오늘 여기에서는 각기 소견대로 하였거니와 너희가 거기에서는 그렇게 하지 말지니라

'한몸의식'은 업어 키우고 안아 키우면서 자연스럽게 세워졌다.
'동행의식'은 대가족 시대나 형제자매가 많던 시절에는 서로 손잡고 자라고, 친구들이 어깨동무하면서 자랐다. 이때는 어려움 없이 '동행의식'이 세워졌다. 그런데 오늘날 외 자녀가 되면서 불의의 사고를 염려하며 친구들과 놀이터에서 어울림도 경계하는 시대가 되었다. 외톨이로 혼자 자라고 전자기기와 함께 자란다. 개인주의만 만연해지고 '동행의식'이 자랄 수 없다. 핸드폰과 살지 친구와 살지 않는 세상이 되었다. 전자기기의 발달은 친구도 온라인상에서 만나지 오프라인에서 안 만난다. 갈등을 줄이면서 교제가 가능한 장점이 될 수도 있다.

공동체 안에 살아가야 하는 인간이다. 그런데 경쟁 사회, 능력 만능 사회, 개인주의 사회로 치닫으면서 나의 행복이 너의 행복이 되지 못한다. 참 행복이 아니다. 우리는 혼자 못살고 더불어 살아야 한다.

첫째로 공존하기 위해서는 우선 다름을 인정하고 서로를 존중해야 한다.

우리는 공동체를 형성하기 위해 통일성을 만들어야 하는 것들이 많이 있다. 그럼에도 다양성을 무시한 획일화나 다름을 인정하는 존중이 없어지면 서로가 불행해진다. 나의 행복이 너의 행복이 되지 못하고 너의 행복이 나의 행복이 되지 못한다.

에덴에서 시험에 들어 타락한 인간은 비교의식 가운데 살아간다. 마귀의 꾐이다. 창조의 가치로 행복해야 한다. 우리는 모두 모두 하나밖에 없는 걸작품이다. 나 남이 없는 것 있기에, 나 남이 있는 것 없어도 자족하고 절대주권 아래 살아야 한다.

서로의 필요를 알아야 한다. 개똥도 약에 필요할 때가 있고 굼벵이도 구르는 재주를 주셨다.

(빌 2:3) 아무 일에든지 다툼이나 허영으로 하지 말고 오직 겸손한 마음으로 각각 자기보다 남을 낫게 여기고

남을 나보다 낮게 여기는 존중이 필요하다. 내 기준이나 가치로 남을 대하면 함께 행복을 누릴 수가 없다. 다름을 인정하지 않고 자기만을 주장하는 것은 상대의 행복을 빼앗는 것이다.

로마의 철학자이자 법학자인 울피아누스(Ulpianus)는 정의를 '각자에게 그의 것을 주는 것'이라고 했다.

둘째로 더불어 살기 위해서는 판단하거나 비판해서는 안 된다.

(고전 4:5) 그러므로 때가 이르기 전 곧 주께서 오시기까지 아무것도 판단하지 말라 그가 어둠에 감추인 것들을 드러내고 마음의 뜻을 나타내시리니 그 때에 각 사람에게 하나님으로부터 칭찬이 있으리라

(요 8:15) 너희는 육체를 따라 판단하나 나는 아무도 판단하지 아니하노라

(롬 14:13) 그런즉 우리가 다시는 서로 비판하지 말고 도리어 부

딪칠 것이나 거칠 것을 형제 앞에 두지 아니하도록 주의하라

노(怒)함은 나눔이요 파괴이다.

(잠 29:22) 노하는 자는 다툼을 일으키고 성내는 자는 범죄함이 많으니라

타락한 인간의 지배욕과 소유욕은 번성과 번영이란 명목으로 모든 것을 탈취하거나 정복하기를 즐겨한다. 정복 전쟁으로 세계를 지배하던 시대도 있었다. 나의 행복이 상대의 불행을 만든다. 참 행복이 아니다.

자기주장이 강하다 보니 상대를 배척하거나 지배하려 한다. 좌파 우파로 편 가르기를 한다. 공손에 대한 열망이 없다. 우리는 자주 내 기준으로 판단하여 상대를 악으로 규정한다. 더 무서운 것은 그들이 소멸되기를 원한다. 이것은 내 뜻이지 하나님의 뜻이 아니다. 나의 행복이 너의 행복이 되지 못한다.

내가 판단하지 말고 기다리며 기도해야 한다.
하나님이 그들에게도 어떻게 하실지 지켜보아야 한다.

(롬 3:10-12) 기록된 바 의인은 없나니 하나도 없으며 깨닫는 자

도 없고 하나님을 찾는 자도 없고 다 치우쳐 함께 무익하게 되고 선을 행하는 자는 없나니 하나도 없도다

의인은 없다. 유한자 인간의 한계는 희미하게 볼 수밖에 없고 부분적인 것밖에 보지 못한다. 그의 지식과 판단은 매우 제한적이다. 계시 의존자만이 어지러운 세상 가운데 균형을 잡고 함께 행복하게 살아갈 수 있다.

셋째로 어떤 경우도 화평해야 한다. 온유한 자가 되어야 한다. 예수님은 8복 중 일곱 번째 복에서 '화평하게 하는 자가 행복하다'고 가르치신다.

인간은 태어나 자라면서 친구를 사귀고 성장해서는 배우자를 찾는다. 다른 표현을 하자면 동반자 동행자를 찾는 것이다. '동행의식'이다. 나 혼자 살 수 없고 더불어 살아가야 하는 존재이다. 그런데 만나는 순간 즐거움도 있지만, 갈등과 번민도 따른다.

예수님은 8복에서 '화평하게 하는 자, 온유한 자가 복이 있다.'고 가르치신다. 공동체를 유지 시키는 가장 중요한 요소를 가르치신 것이다.

그리고 화평하게 하는 자는 '하나님 아들이라 일컬음을 받을 것

이요.'라고 가르치신다. 자존감의 부여다. 나와 네가 하나님을 중심으로 공존하는 위치를 허락받게 되는 것이다. 나의 행복이 너의 행복, 너의 행복이 나의 행복이 되는 길이다.

공동체 안에 있지만 개체로 살아가고, 개체로 살지만 더불어 살아야 하는 동행체이다. '동행의식'과 '공존의식'이 있어야 한다. 다름을 인정하고 존중하는 것이다. 화평이 있어야만 동행할 수 있고 공존할 수 있는 것이다.

(마 5:25 상) 너를 고발하는 자와 함께 길에 있을 때에 급히 사화하라

재판에 가다가도 화해해야 하고 원수까지도 사랑해야 한다.

(마 5:44) 나는 너희에게 이르노니 너희 원수를 사랑하며
너희를 박해하는 자를 위하여 기도하라

상대는 정복이나 굴복, 진멸시킬 대상이 아니다. 사랑해야 할 대상이다. 정복전쟁은 비극이다. 어떤 경우에도 전쟁은 정당화나 미화될 수 없다.
이웃은 배척의 대상이 아니다. 더불어 살아야 할 대상이다. 나의 행복을 위해 다른 사람의 불행을 만들어서는 안 된다.

정체성과 자존감을 회복해야 하고 열등감은 물론 우월감까지도 치유해야 한다. 그때에야 다른 사람의 행복에 박수를 보낼 수 있다.

공존하며 함께 행복을 누리는 길은

삶의 감동, 성령의 감동에 신실해야 한다. 감정에 충실하되 우기며 살지 말자. 정답, 정의 내리려 말고 논쟁 논의를 즐기지 말자. 겸손하자. 스스로 하나님이 되어 판단자가 되지 말고 감동의 다양성을 수용하라.

겸양으로 살아야 한다. 상대를 인정하고 존중해야 하며 용납과 수용이 필요하다. 있는 모습대로 감사와 그대로 인정함이 필요하다. 절대주권을 인정하고 감사해야 한다. 자존감을 가지고 내 것에 감사하고 없는 것에 대한 열등감을 극복해야 서로가 행복해진다.

지배나 탈취가 아닌 '존중과 감사로 다름을 인정하고 서로가 공존하기'를 힘써야 한다. 나의 행복이 너의 행복이 되지 못하는 한계를 극복해야 한다.

나 남이 있는 것 없지만 나 남이 없는 것 있다는 자존감을 가져야 한다. 정체성과 자존감이 서 있는 자는 다른 사람의 행복에 박수 칠 수 있다. 공평하신 하나님을 믿는 자는 다른 사람의 행복에 기뻐할 수 있다.

자만하고 교만하며 지배하려 하거나 탈취하려는 자가 복을 받으면 시기와 미움이 일어난다. 애통하는 자나 온유한 자가 받는 복은 박수를 받는다. 겸손하여 의에 주리며 긍휼히 여기는 자 화합하는 자가 받는 복은 함성이 터진다.

보존과 공존의 길은 '더불어 살려는 동행의식을 가지고 원수까지도 사랑'하여야 한다. 존중, 감사, 화목은 모두를 살리고, 화평을 이루는 자는 나의 행복이 너의 행복이 된다.

영존의 길을 공유할 때만 모두 모두가 행복해진다. 상생과 살리는 법을 만들어야 한다. '원수까지도 사랑'하며 '화평케 하는 자'만이 모두를 행복으로 초대할 수 있다. 온유한 자가 되어야 나의 행복이 너의 행복이 되고 너의 행복이 나의 행복이 된다.

3장
죽음으로 영원한 행복에 이르지 못하는 한계

또 내가 내 영혼에게 이르되 영혼아 여러 해 쓸 물건을 많이 쌓아 두었으니 평안히 쉬고 먹고 마시고 즐거워하자 하리라 하되 하나님은 이르시되 어리석은 자여 오늘 밤에 네 영혼을 도로 찾으리니 그러면 네 준비한 것이 누구의 것이 되겠느냐 하셨으니 자기를 위하여 재물을 쌓아 두고 하나님께 대하여 부요하지 못한 자가 이와 같으니라(눅 12:19-21)

이 밤에 하나밖에 없는 생명이 사라진다면 이 세상에서 추구하던 모든 것은 물거품이 된다. 인간의 모든 행복은 죽음으로 종지부를 찍는다. 피조물인 인간의 한계이다. 하나밖에 없는 생명과 맞바꿀 행복은 없다. 간혹 순애보가 전해지기는 하지만 말이다.

김훈(소설가)이란 한 작가는 죽음에 대하여 이렇게 소개한다.

죽으면 말길이 끊어져서 죽은 자는 산 자에게 죽음의 내용을 전할 수 없고, 죽은 자는 죽었기 때문에 죽음을 인지할 수 없다. 인간은 그저 죽을 뿐, 죽음을 경험할 수는 없다.

죽음에 대해 분명히 알고 있는 것 3가지가 있는데

1. 사람은 분명히 죽는다
2. 나 혼자서 죽는다
3. 아무것도 가지고 갈 수 없다

그리고 죽음에 대해 모르는 것 3가지 있다.

1. 언제 죽을지 모른다
2. 어디서 죽을지 모른다
3. 어떻게 죽을지 모른다

그래서 항상 준비하고 있어야 한다.

모든 사람이 낳는 방법은 거의 비슷하지만, 그러나 죽는 방법은 천차만별하다. 그래서 인간의 평가는 태어나는 것보다 죽는 것으로 결정된다.

작가의 말처럼 죽음 자체도 언제 죽을지, 어디서 죽을지, 어떻게 죽을지를 모른다. 죽음은 미지의 세계이다. 누구도 경험해 볼 수 없는 세계이다. 그래서 모두가 두려워한다.

죽음에 대하여 정답을 아는 사람은 없다.
생명의 주인이 자신이 아니라는 증거이다.

원리는 만들어진 세상 가운데 경험을 토대로 귀납적으로 확정한 것을 말한다. 그런데 죽음은 경험으로 체득할 수가 없다. 그러나 공리처럼 계시를 연역적으로 받아들일 때 죽음에 대한 답이 분명해진다.

생명의 주인만이 정답을 아는 것이다.
성경은 죽음에 대하여 분명하게 계시하고 있다.
죽음은 한 사람의 죄로 말미암아 누구에게나 오게 되었다고 계시한다.

(롬 5:12) 그러므로 한 사람으로 말미암아 죄가 세상에 들어오고 죄로 말미암아 사망이 들어왔나니 이와 같이 모든 사람이 죄를 지었으므로 사망이 모든 사람에게 이르렀느니라

분명 유한자의 한계는 죽음이다.

더 궁금한 것은 죽으면 정말 끝이란 말인가?

성경은 죽음 이후도 정확히 계시하고 있다.

(요 5:24) 내가 진실로 진실로 너희에게 이르노니 내 말을 듣고 또 나 보내신 이를 믿는 자는 영생을 얻었고 심판에 이르지 아니하나니 사망에서 생명으로 옮겼느니라

받아들이던 죽음을 탐구하여 발견하려 하던 자유이다. 그러나 이 땅에서 찾지 못한 답을 성경에서 받아들인 자들은 불안을 떨치고 담담히 평안을 누리며 이 세상을 살아간다. 이 땅에서 담대함뿐 아니라 죽음 이후에 대해서도 불안보다 오히려 소망을 가지는 아이러니가 있다.

경험으로 죽음은 끝이다.

그러나 성경에서 '죽음은 하나의 과정이고 죽음 후에도 새로운 세계가 있다'고 알려 준다.

이 세상 삶은 나그네 인생으로 과정 중에 있다고 모두 고백한다. 그러나 그 과정을 행복하게 살아가는 답은 찾지 못하여 방황한다. 이유는 태어나면서 부터 누구나 죽음을 향해 달려가고 있지만, 그

종착지에 대한 정답을 가지고 있지 못하기 때문이다. 따라서 그 과정 또한 정답을 찾지 못하고 방황하게 되는 것이다.

인간의 가장 큰 실패는 죽음이다.
죽음은 인간의 한계이고 행복의 마침표이다.
행복을 연장하려 몸부림치고 있지만, 인간의 힘으로는 극복하지 못하는 한계이다.

영원한 행복을 위해서는 죽음의 한계를 극복해야 한다.

(요 11:25-26) 예수께서 이르시되 나는 부활이요 생명이니 나를 믿는 자는 죽어도 살겠고 무릇 살아서 나를 믿는 자는 영원히 죽지 아니하리니 이것을 네가 믿느냐

(요 3:16) 하나님이 세상을 이처럼 사랑하사 독생자를 주셨으니 이는 그를 믿는 자마다 멸망하지 않고 영생을 얻게 하려 하심이라

죽음은 인간의 힘으로는 극복할 수 없다. 예수 그리스도를 믿고 구원 얻은 자만이 영생과 영원한 행복을 누릴 수 있다.
예수님은 8복에서 '심령이 가난한 자는 복이 있나니 천국이 저희 것임이요.'라고 가르친다.

죽음은 단절이 아니고 과정이다.

죽음이란 단절에서 구원은 영생이고 영원으로 전환이다.

하나님은 예수님을 통하여 그 과정을 만드셨고 그 길을 여셨다.

죽음은 끝이 아니고 과정이다.

받아들이면 사명과 소명이 생겨 새로운 삶에 임하게 된다.

목적을 아는 자는 과정도 행복해질 수 있다. 현재도 행복해진다.

내 생명의 주인은 내가 아니다.

죽음은 인간의 한계요 행복의 한계이지만 예수 영접하여 영생을 얻게 되면 영원한 행복을 얻는다. 그는 이 땅의 삶 가운데서도 행복을 누리게 된다. 진정한 행복한 자이다.

누가 우리 모두를 온전한 행복의 길로 초대할 수 있을까?

예수님이 가르쳐 주신 8복은 행복의 원천이다.

심령이 가난한 자 되어 심령의 변화가 일어난 자 영원히 행복해진다. 구원받아 창조주를 인정하는 정직이 회복된 자이다. 우주 만물의 통치자 앞에 겸손하게 맡김으로 행복하다. 애통하는 자는 위로자로 인해 행복하다. 의에 주리고 목마른 자는 배부름으로 행복해 진다. 마음이 청결한 자는 날마다 하나님을 보며 행복한 삶을 산다.

나가기

인류공동체의 발전을 위해 분투하고 있지만 공동체의 발전이 구성원 모두의 행복에 이르지 못하고 있어 고민하고 있다. 극심한 개인주의와 치열한 경쟁 사회는 존중과 공존에 대한 가치를 잃어버렸다. 나의 행복이 너의 행복이 되지 못하고 있다.

내일을 모르는 유한자는 영원한 역사를 주도할 수 없다. 그 판단이 정의가 될 수 없다.

유한자 인간은 시공의 한계가 있다. 하루살이같이 짧은 인생이기에 영원 안에서 해석하기에는 늘 한계가 있다. 오늘의 정답이 다음 세대에 정답이 되지 못한다. 부분밖에 보지 못하는 공간의 한계는 치우치거나 편협할 수밖에 없다. 이곳의 정의가 저곳의 정의가 될 수 없다. 정답이 없는 세상이다. 진정한 행복의 근원을 발견할 수 없다.

타락한 인간의 본성은 탐욕인 지배욕과 소유욕으로 가득 차 있다. 따라서 인류문명의 역사는 언제나 지배구조나 소유구조에서 지배자와 피지배자, 권력자와 시민, 지주와 소작농, 있는 자와 없는 자, 사용자와 노동자, 기득권자와 변화추구자 사이에서 갈등으로 끝없는 투쟁이 되어왔다. 이런 세상에서는 공생하며 공동체의 행복을 구성원 모두의 행복으로 만들 수 없다.

타락한 인간의 탐심은 자기를 사랑하고 돈을 사랑하고 쾌락을 사랑하기 때문에 자기중심적이고, 자기보호 본능적이며, 이기적 이어서 자기편 만들기에 급급하고 상대방의 논리와 주장에는 관용과 포용보다는 정죄의 법, 죽이는 법을 추구한다. 공존에 대한 모두의 정답은 찾을 수 없다. 나의 행복이 너의 행복, 너의 행복이 나의 행복이 될 수 없다.

이 세상에는 정답이 없다. 이 세상에서 가장 지혜 자였던 솔로몬이 인생경영을 마감하면서 고백한 것을 기억해야 한다.

(전 1:2) 전도자가 이르되 헛되고 헛되며 헛되고 헛되니 모든 것이 헛되도다

역사의 주관자 되신 하나님 앞에 겸손해져야 할 뿐이다.
하나님의 섭리는 보존 통치 협력이다.

하나님은 창조세계가 보존되기를 원하신다. 가인을 살려 주시고 아벨을 보호해 주셨다. 예수님도 이 땅에 오셔서 가라지도 두라고 명하시고 선인과 악인에게 동일하게 해와 비를 주신다고 말씀하셨다. 원수도 사랑하라 하셨다. 정복과 진멸의 집념에서 헤어 나와야 한다.

공동체 안에서 살고 살아야 하는 인간은 '공동체 의식'이 있어야만 공동체가 보존된다. 공동체의식은 '한몸의식'과 '동행의식'이다.

'한몸의식'(고전 12:12)을 가지고 '함께 공생하려는 노력'이 필요하다. 낙오자가 없도록 '고르게 함과 돌봄'(고전 12:24-25)으로 함께 살아가야 한다. 새 계명을 따라 '서로 사랑'하며 '긍휼의 마음'으로 공동체와 공동체 구성원 모두가 행복을 함께 누릴 수 있게 해야 한다.

또한 '동행의식'(마 5:41)을 가지고 '더불어 공존하려는 노력'이 필요하다. 서로 간에 너와 나 사이가 다름을 인정하고 존중하며 배려하고 수용해야 한다. '동행의식'의 절대 요건은 '화목'이다. 더불어 살아가야 한다. 내 것만 고집하고 상대를 배제 시키려 해서는 안 된다. 판단과 비판을 유보하고 배척이나 진멸 정복을 도모해서는 안 된다. '원수까지도 사랑'하며 '화목'할 때 비로소 나의 행복이 너의 행복이 되고 너의 행복이 나의 행복이 된다.

우리는 '한몸의식'을 가지고 '긍휼과 사랑'으로 공생해야 한다. 죽여서는 안 된다.

우리는 '동행의식'을 가지고 '화평과 존중'으로 공존해야 한다. 분열시켜서는 안 된다.

함께 살고 더불어 사는 길은 죽이는 법이 아닌 살리는 법이어야 한다.

인간은 유한자의 한계를 잃어버리지 말고, 청지기요 나그네 삶임을 기억해야 한다. 의인이 없다고 선포한 것이 성경이다. 누가 의인이 될 수 있겠는가? 본분을 회복해야 한다.

(전 12:13) 일의 결국을 다 들었으니 하나님을 경외하고 그의 명령들을 지킬지어다 이것이 모든 사람의 본분이니라

인간에게는 생명이 하나밖에 없다.

인간은 영원한 행복을 추구하고 있지만 죽음이란 한계를 넘지 못한다. 생명의 주인이 인간이 아니기 때문이다. 인간은 죽음으로 영원한 행복을 이룰 수 없다. 하나밖에 없는 생명이 영원을 얻어야 영원한 행복을 누리게 된다.

성경 안에만 정답이 있다.
예수님이 가르치신 8복은 행복의 원천이다.
그 안에 구체적 행복의 길이 있다.

하나님을 의지하며 예수님이 가르치신 8복으로 행복을 되찾아야
한다.

심령이 가난한 자, 온유한 자, 의에 주리고 목마른 자. 긍휼히 여
기는 자, 화평하게 하는 자 공동체의 행복이 구성원 모두의 행복이
되고, 나의 행복이 너의 행복으로 되어진다.

하나님은 영원한 행복을 주시기를 원하신다. 그 길을 예수님을
통하여 열어 놓았다. 예수님을 영접하여 영생을 얻는 자 죽음을 극
복해야 영원한 행복을 소유한다.

3부

행복신호등의 파란불

우리는 부분적으로 알고 부분적으로 예언하니 온전한 것이 올 때에는 부분적으로 하던 것이 폐하리라 내가 어렸을 때에는 말하는 것이 어린 아이와 같고 깨닫는 것이 어린 아이와 같고 생각하는 것이 어린 아이와 같다가 장성한 사람이 되어서는 어린 아이의 일을 버렸노라 우리가 지금은 거울로 보는 것 같이 희미하나 그 때에는 얼굴과 얼굴을 대하여 볼 것이요 지금은 내가 부분적으로 아나 그 때에는 주께서 나를 아신 것 같이 내가 온전히 알리라(고전 13:9-12)

3부는 깊은 심연의 바다에서 나와 압박하는 잠수복을 벗고 무거운 산소통을 내려놓고, 경쾌한 산책의 길로 나서기를 바랍니다.

행복의 근원은 성경입니다.
행복의 중심은 예수 그리스도와 십자가의 길입니다.
행복의 토양과 밑거름은 교회와 정체성입니다.
행복의 절정은 뜻하심과 새 계명입니다.
행복의 구체적 실현은 8복으로부터입니다.

1장
행복나무의 뿌리

모든 성경은 하나님의 감동으로 된 것으로 교훈과 책망과 바르게 함과 의로 교육하기에 유익하니 이는 하나님의 사람으로 온전하게 하며 모든 선한 일을 행할 능력을 갖추게 하려 함이라(딤후 3:16-17)

성경 안에서 하나님을 만날 수 있습니다.

하나님은 인간의 연약함을 더 잘 아시고 스스로 자신을 나타내셨습니다. 계시라 합니다. 창조를 통하여 계시하시기도 하셨지만, 성경을 통하여 구체적으로 완전하게 하셨습니다.

(요 1:18) 본래 하나님을 본 사람이 없으되 아버지 품 속에 있는 독생하신 하나님이 나타내셨느니라

유한자 인간은 하나님을 볼 수 없습니다. 다만 계시를 통해 계시

자 하나님을 만날 수 있습니다. 계시 안에서 하나님을 만나야 바른 만남이 됩니다. 그것도 창조계시가 아니라 성경계시 안에서 만나야 온전한 만남이 됩니다.

그런데 인간은 창조계시만을 근거하여 여러 신(자연신)과 신앙을 등장시키기도 합니다. 피조물인 인간의 지혜나 부분적 신적 경험이나 추론으로 인간 스스로 신을 설정합니다. 가장 대표적인 예가 태양신입니다. 우리는 태양계 안에 살므로 태양이 없으면 죽습니다. 그러나 태양은 하나님이 만든 피조물입니다. 성경계시로 조명받지 않은 것은 참이 되지 못합니다.

세계 3대 종교가 있습니다.

불교는 인간인 석가를 숭배합니다. 불교계를 대표하는 한 분이 '부처님은 진리의 창조자가 아니라 진리의 발견자입니다.'라고 고백한 것을 읽은 적이 있습니다(조선 인터뷰. 조계종 월하 종정. 조선일보 1996. 5. 19. 7면). 진리의 발견자인 인간 부처를 숭배하는 것입니다.

무슬림은 계시를 받은 인간 마호메트를 숭배합니다. 그는 하나님으로부터 직접 계시를 받은 아들임을 자칭합니다. 그러나 피조물 인간임을 뛰어넘지 못합니다.

그러나 기독교는 예수 그리스도를 경배합니다. 그 예수 그리스도는 하나님 본체이며 아들이고 계시자이고 창조자라고 계시한 성경 말씀을 믿는 것입니다. 예수님은 하나님과 일체이신 신이며 완전한 인간인 신인(神人) 그리스도라고 선포합니다. 예수 그리스도는 인간 피조물이 아니라고 단언합니다. 신인(神人) 동체는 유한자 인간의 이성으로는 이해가 불가한 신비입니다. 그래서 계시로 알려주신 것입니다. 맞든 틀리든 분명히 둘 중의 하나이지 중간지대는 없습니다. 기독교는 신인(神人) 일체이신 하나님의 아들 예수 그리스도를 믿는 것입니다. 인간은 계시인 성경을 통하여 하나님을 만나야 하고 성경을 믿음으로 신앙해야 바른 신앙이 됩니다.

성경은 세상의 나침판입니다.

그는 자신을 계시하기를 '내가 길이요 진리다'라고 선포하셨습니다.

혼돈의 세상에서 벗어나는 길은 내려옴과 올라감을 구별할 줄 알아야 합니다. 문제를 풀어 올라감으로 정답에 도달할 수도 있습니다. 그러나 출제자로부터 내려온 답이 분명한 정답입니다. 아무리 어려운 문제도 출제자가 나타나면 답이 명쾌해집니다. 창조주요 모든 질서의 운행자이신 하나님이 계시한 성경을 통하여 답을 얻으면 온전한 답 정답에 이르게 됩니다.

창조자, 전체를 만드신 자, 그 모든 것을 운행하는 자가 알려준 것이 정답입니다. 그분이 알려 준다면 참이 됩니다. 따라서 인간은 계시 의존적이 되어야 합니다. 8복에서 의에 주리고 목마른 자가 행복하다. 배부를 것이다고 가르치십니다.

(전 3:11) 하나님이 모든 것을 지으시되 때를 따라 아름답게 하셨고 또 사람들에게는 영원을 사모하는 마음을 주셨느니라 그러나 하나님이 하시는 일의 시종을 사람으로 측량할 수 없게 하셨도다

인간은 하나님의 형상으로 지음 받았습니다. 그래서 영원을 사모하며 신을 사모하게 되어 있습니다. 동서고금을 막론하고 인간의 모임에는 신전을 만듭니다. 현대인들은 마음속에 두기도 합니다. 인간의 노력으로 정점에 도달하려는 사람일수록 한계를 깨닫고 신 의지적이 됩니다. 그 예가 우주선을 보내는 최첨단의 과학도나 세상을 이끌어 가려는 정치인들이 오히려 무속을 의지하는 아이러니가 이런 것입니다.

인간은 성경을 의존할 때만이 혼돈에서 벗어날 수 있습니다. 인간 지혜로 얻지 못하는 답을 얻을 수 있는 것입니다. 의에 주리고 목마른 자는 배부름으로 행복해집니다.

물고기는 본능적으로 물속에 살고 물을 먹고 살도록 지음 받았습니다. 마찬가지로 인간은 하나님의 형상을 따라 인격(지성 감성 의지)으로 창조하셨고 그 인격을 가지고 계시 안에서 살아가도록 지음 받았습니다. 따라서 구체적 계시인 성경만이 '세상의 나침판'이 됩니다.

(신 30:15-16) 보라 내가 오늘 생명과 복과 사망과 화를 네 앞에 두었나니 곧 내가 오늘 네게 명령하여 네 하나님 여호와를 사랑하고 그 모든 길로 행하며 그의 명령과 규례와 법도를 지키라 하는 것이라 그리하면 네가 생존하며 번성할 것이요 또 네 하나님 여호와께서 네가 가서 차지할 땅에서 네게 복을 주실 것임이니라

우리는 필연으로 계시와 언약으로 돌아가야 합니다.

사막을 건너갈 때 지도를 따라가지 말고 나침판을 따라가라(사막을 건너는 여섯 가지 방법. 스티브 도냐휴 지음. 고상숙 옮김)는 말이 있습니다. 모래바람이 부는 사막의 지형은 바람 한 번 불면 바뀌어집니다. 풍파 많은 세상에서 인간이 설정한 복으로는 영원하고 온전한 행복에 이르지 못합니다. 계시에 근거한 복, 성경이 가르치는 복, 예수님이 가르치신 복이 참 복이고 온전한 행복으로 인도합니다. 모든 행복의 뿌리는 성경입니다.

THE COSMOS IS IN BIBLE!

성경 안에 모든 답이 있습니다.

제가 목회하는 20년 동안 성경에서 답을 얻지 못한 예는 단 한 번도 없었습니다.

유한자는 무한자의 세계를 다 알 수는 없습니다.

그래서 창조자가 계시한 계시에 의존할 때 비로소 바른길을 가게 되는 것입니다.

인간은 죽음의 한계가 있습니다. 계시로 알려준 영생의 길을 얻어야 영원한 행복이 됩니다. 역사의 주관자로부터 시공을 초월한 진리를 얻어야 진정한 행복한 삶의 길이 열립니다. 함께 살아가고 더불어 살아가는 지혜를 얻어야 함께 행복해집니다. 하나님이 계시한 성경에 뿌리를 내려야 불변하는 행복이 됩니다.

성경은 약속이고 축복입니다.
영원하고 온전한 행복나무의 뿌리입니다.

인간의 한계성 때문에 영원한 행복 온전한 행복 함께 누릴 행복은 누구도 찾아내지 못했습니다. 누군가가 정의한다 해도 참 행복이 되지 못하고 모두의 행복이 될 수 없습니다.

성경에서 정의한 행복은 참 행복이 됩니다. 하나님은 인간의 행복을 바라시기에 성경 전반에 걸쳐 다채로운 방식으로 복을 언약하십니다. 성경이 말하는 행복은 주로 "축복"이나 "복"이라는 개념과 밀접하게 연관되어 있습니다. 이는 단순한 감정적 행복을 넘어서는 영적, 도덕적, 관계적인 완전한 상태를 의미합니다.

성경에서 행복은 세속적인 쾌락이나 일시적인 만족을 의미하지 않습니다. 성경의 행복은 하나님과의 올바른 관계에서 비롯되는 상태를 의미합니다.

구약성경에서는 행복을 의미하는 단어로 "아쉬레이"(אשרי) 또는 "에쉐르"(אשר)라는 단어가 사용됩니다. 이 단어는 "복된" 또는 "행복한"이라는 의미를 가지며, 시편 1편 1절에 "복 있는 사람"으로 번역됩니다.

"복 있는 사람은 악인의 꾀를 따르지 아니하며 죄인의 길에 서지 아니하며 오만한 자들의 자리에 앉지 아니하고 오직 여호와의 율법을 즐거워하여 그의 율법을 주야로 묵상하는 도다 그는 시냇가에 심은 나무가 철을 따라 열매를 맺으며 그 잎사귀가 마르지 아니함 같으니 그가 하는 모든 일이 다 형통하리로다"(시 1:1-3)

이 구절에서 "복 있는" 사람은 하나님과 올바른 관계를 유지하

며, 하나님의 말씀을 따라 사는 사람을 의미합니다. 성경에서 행복
은 단순히 개인적 즐거움이나 만족이 아니라, 하나님의 뜻에 순종
하며 사는 삶을 살아가는 상태를 가리킵니다.

또한, 신약성경에서는 "마카리오스"(μακάριος)라는 헬라어 단어
가 행복을 의미합니다. 8복의 "복 있는 자"로 번역됩니다. 예수님
이 산상수훈에서 말씀하신 8복에서 이러한 복된 삶의 모습이 구체
적으로 제시됩니다.

"심령이 가난한 자는 복이 있나니 천국이 그들의 것임이요"(마 5:3)

여기서 예수님이 말씀하시는 행복은 세상적 기준이 아닌, 하나
님 나라의 가치와 연결된 상태를 의미합니다.

하나님께서 성경을 통해 인간에게 원하시는 행복은 하나님과의
올바른 관계에서 비롯된 행복입니다. 이러한 행복은 몇 가지 핵심
적인 요소로 이루어집니다.

첫째 하나님은 인간이 자신과 깊은 교제를 나누기를 원하십니
다. 에덴동산에서 아담과 하와와 함께하셨던 하나님은, 그들과의
교제를 통해 그들에게 진정한 행복을 누리게 하셨습니다. 비록 죄
로 인해 이 관계가 깨어졌지만, 예수 그리스도를 통해 인간은 다시

하나님과의 교제를 회복할 수 있게 하셨습니다.

"아버지께서 내게 주시는 자는 다 내게로 올 것이요 내게 오는 자는 내가 결코 내쫓지 아니하리라"(요 6:37)

이 구절은 예수님을 통해 하나님과의 교제가 회복될 수 있으며, 그 교제 안에서 참된 행복을 누릴 수 있음을 보여줍니다.

둘째 성경에서 참된 행복은 하나님의 뜻에 순종할 때 주어집니다. 하나님의 말씀에 따라 사는 것은 인간의 삶에 기쁨과 평강을 가져다줍니다.

"만일 그들이 순종하여 섬기면 형통한 날을 보내며 즐거운 해를 지낼 것이요"(욥 36:11)

이처럼, 하나님의 계명에 순종하는 삶이 곧 복된 삶이자 행복한 삶으로 이어짐을 성경은 가르칩니다.

셋째 성경은 또한 인간이 다른 사람들과의 관계 속에서 행복을 누리도록 강조합니다. 하나님은 인간이 서로 사랑하고, 이웃을 자기 자신처럼 사랑할 것을 명령하십니다. 이웃사랑과 섬김의 삶을 살 때, 우리는 하나님께서 주시는 참된 행복을 경험하게 됩니다.

예수님께서는 이웃사랑을 통해 하나님 사랑이 온전히 이루어진 다고 가르치셨습니다. 이는 성경이 가르치는 행복이 개인적인 것이 아니라, 공동체 안에서 서로 사랑하고 섬기는 삶을 통해 완성된다는 것을 의미합니다.

성경이 말하는 행복은 하나님과의 올바른 관계, 하나님의 뜻에 대한 순종, 이웃과의 사랑이라는 세 가지 중심으로 이루어집니다. 이는 세속적이고 일시적인 쾌락이나 성공과는 구별되는, 영적이고 영원한 가치에 기반한 행복입니다. 하나님은 성경을 통해 인간에게 이런 참된 행복을 누리기를 원하시며, 그 행복은 하나님의 말씀을 따르는 삶, 그리고 하나님과의 깊은 교제를 통해 얻을 수 있습니다. 성경적 행복은 우리가 세상에서 누릴 수 있는 모든 복을 초월하는 영원한 행복임을 기억해야 합니다.

하나님은 만물을 창조하시고, 인간을 창조하시고 좋았다 하셨습니다. 인간에게 복 주고 복 주시기를 원하십니다. 행복하기를 원하십니다.

인간은 자력으로 행복을 찾아가지만, 행복의 정답에 이르지 못합니다. 하나님이 성경을 통하여 계시한 복이 참 복입니다. 성경은 행복나무의 뿌리입니다.

계시자 예수님이 이 땅에 오셔서 가르치신 복이 8복입니다. 8복은 창조주요 계시자인 예수님이 가르치신 행복론입니다. 예수님이 계시한 복이 참 복이요, 진정한 행복입니다.

심령이 가난한 자는 복이 있다.
의에 주리고 목마른 자는 복이 있다.
긍휼히 여기는 자는 행복하다.
화평하게 하는 자는 행복하다.

2장
행복샘의 원천

내가 주는 물을 마시는 자는 영원히 목마르지 아니하리니 내가
주는 물은 그 속에서 영생하도록 솟아나는 샘물이 되리라(요 4:14)

**성경의 중심은 '예수 그리스도'이고
완성은 '십자가'입니다.**

인류에게 가장 큰 언약은 구속(구원) 언약입니다.

특별계시인 성경을 통하여 구원의 길 영생의 길을 언약하셨습니
다. 특별한 언약이요 계시입니다. 가장 큰 축복입니다. 영원한 행
복입니다. 그 중심에는 예수 그리스도가 있고 십자가의 길이 있습
니다.

(요 1:14) 말씀이 육신이 되어 우리 가운데 거하시매 우리가 그
의 영광을 보니 아버지의 독생자의 영광이요 은혜와 진리가 충만
하더라

첫째로 예수 그리스도는 살리는 길입니다.

공생과 공존을 명하셨습니다. 모두가 얻을 행복의 길이요, 지속
적인 행복의 길입니다.

하나님은 만물을 창조하시고 좋았더라 하셨습니다.

그 창조세계가 보존되길 원하십니다.

하나님의 섭리입니다.

첫 살인자 가인을 하나님은 보호하십니다.

(창 4:15) 여호와께서 그에게 이르시되 그렇지 아니하다 가인을
죽이는 자는 벌을 칠 배나 받으리라 하시고 가인에게 표를 주사 그
를 만나는 모든 사람에게서 죽임을 면하게 하시니라

국외자인 이스마엘도 하나님은 보존을 명하십니다.

(창 17:20) 이스마엘에 대하여는 내가 네 말을 들었나니 내가 그
에게 복을 주어 그를 매우 크게 생육하고 번성하게 할지라 그가 열
두 두령을 낳으리니 내가 그를 큰 나라가 되게 하려니와

(창 21:17-18) 하나님이 그 어린 아이의 소리를 들으셨으므로 하
나님의 사자가 하늘에서부터 하갈을 불러 이르시되 하갈아 무슨

일이냐 두려워하지 말라 하나님이 저기 있는 아이의 소리를 들으셨나니 일어나 아이를 일으켜 네 손으로 붙들라 그가 큰 민족을 이루게 하리라 하시니라

할렐루야!

그런데 타락한 인간은 번성과 번영이란 명목으로 모든 것을 정복하기를 즐겨합니다. 타락한 인간은 인간의 의를 앞세워 너무 많은 것을 파괴하고 진멸해 오고 있습니다.

정복이란 단어는 성경에서 단지 8회 기술하고 있습니다. 정복은 선한 영향력의 확장이지, 상대를 죽이거나 진멸하거나 배척함으로 파괴하는 것이 아닙니다. 세상은 정복 전쟁을 통하여 죽이기를 힘써왔습니다. 이념논쟁이나 정치원리로, 공산주의니 우파다 좌파다 하며 투쟁을 일삼고 있습니다. 선교정책에서도 이런 예가 있습니다. 십자군 전쟁이 한 예입니다.

예수 그리스도와 십자가는 죽이는 법이 아니라 살리는 법입니다. 성경계시는 창조계시를 폐하지 않습니다. 살리고 회복하고 복원하는 데 있습니다.

예수님은 오셔서 살려 공존하는 길을 더 강화하셨습니다.

나는 너희에게 이르노니 너희 원수를 사랑하며 너희를 박해하는 자를 위하여 기도하라 이같이 한즉 하늘에 계신 너희 아버지의 아들이 되리니 이는 하나님이 그 해를 악인과 선인에게 비추시며 비를 의로운 자와 불의한 자에게 내려주심이라(마 5:44-45)

상한 갈대를 꺾지 아니하며 꺼져가는 심지를 끄지 아니하기를 심판하여 이길 때까지 하리니(마 12:20)

주인이 이르되 원수가 이렇게 하였구나 종들이 말하되 그러면 우리가 가서 이것을 뽑기를 원하시나이까 주인이 이르되 가만 두라 가라지를 뽑다가 곡식까지 뽑을까 염려하노라 둘 다 추수 때까지 함께 자라게 두라 추수 때에 내가 추수꾼들에게 말하기를 가라지는 먼저 거두어 불사르게 단으로 묶고 곡식은 모아 내 곳간에 넣으라 하리라(마 13:28-30)

긍휼의 마음을 가지고 재림까지 서로를 살려 나가야 합니다.

예수께서 일어나사 여자 외에 아무도 없는 것을 보시고 이르시되 여자여 너를 고발하던 그들이 어디 있느냐 너를 정죄한 자가 없느냐 대답하되 주여 없나이다 예수께서 이르시되 나도 너를 정죄하지 아니하노니 가서 다시는 죄를 범하지 말라 하시니라(요 8:10-11)

우리가 정죄할 수 없습니다. 살리는 데 초점을 맞추고, 보존하는 데 우선순위를 두어야 합니다. 원수라도 사랑하며 극복해야 합니다. 공존하는 길 그것이 '십자가의 길'입니다.

하나님의 뜻은 창조하신 세계가 보존되기를 원하십니다.

그래서 선인과 악인에게도 동일하게 해와 비를 아직 주시고 계십니다. 상한 갈대를 꺾지 않으시고, 꺼져가는 심지를 끄지 않으시며 심판 때까지 보존되기를 원하십니다. 오래 참아 기다려 그들 중에서도 구원받을 자가 돌아오기를 기다리고 계시는 것입니다.

사랑하는 자들아 주께는 하루가 천 년 같고 천 년이 하루 같다는 이 한 가지를 잊지 말라 주의 약속은 어떤 이들이 더디다고 생각하는 것 같이 더딘 것이 아니라 오직 주께서는 너희를 대하여 오래 참으사 아무도 멸망하지 아니하고 다 회개하기에 이르기를 원하시느니라(벧후 3:8-9)

진멸은 하나님께 맡겨야 합니다. 재림하실 때에만 이루어질 것입니다. 우리는 극복하고 쫓아내며 이겨 나아가야 할 뿐입니다. 지상 천국을 만들려고 해서는 안 됩니다. 그것은 하나님의 주권입니다.

우리는 주의 언약을 믿고 참고 기다리며 새 계명을 지켜 나아가야 합니다.

새 계명을 너희에게 주노니 서로 사랑하라 내가 너희를 사랑한
것 같이 너희도 서로 사랑하라(요 13:34)

그래서 상대를 정복하고 제압하고 죽이려는 극단주의를 배격해
야 합니다. 내가 십자가를 지고 순교하여야 합니다. 원수도 사랑하
며 화목에 힘써야 합니다. 십자군 전쟁같이 정복신앙은 십자가의
뜻이 아닙니다. 순교신앙이 세상을 구원합니다.

아무에게도 악을 악으로 갚지 말고 모든 사람 앞에서 선한 일을
도모하라 할 수 있거든 너희로서는 모든 사람과 더불어 화목하라
내 사랑하는 자들아 너희가 친히 원수를 갚지 말고 하나님의 진노
하심에 맡기라 기록되었으되 원수 갚는 것이 내게 있으니 내가 갚
으리라고 주께서 말씀하시니라 네 원수가 주리거든 먹이고 목마르
거든 마시게 하라 그리함으로 네가 숯불을 그 머리에 쌓아 놓으리
라 악에게 지지 말고 선으로 악을 이기라(롬 12:17-21)

재림까지 살리고 공존하기를 힘써야 합니다. 자연도 정복의 대
상이 아닙니다. 우리는 다만 그들을 변화시켜야 할 뿐. 우리가 재
림의 나라를 이루는 것이 아닙니다. 더더욱 지상에서 신앙 유토피
아를 만들려 해서도 안 됩니다. 신정정치를 행하여 보아도 제도화
하면 실패합니다.

원수도 사랑하라. 존중하고 인정하며 관용으로 더불어 공존하기를 힘써야 합니다. 서로 사랑하며 재림 때까지는 가라지도 살려 두는 보존이 하나님의 의입니다.

살리는 행복보다 더 큰 행복은 이 세상에 없습니다.

예수 그리스도와 십자가의 길입니다. 예수님은 행복샘의 원천입니다.

둘째로 예수 십자가는 영생의 길을 연 것입니다.
죽기까지 하시면서 영생의 길을 내셨습니다.
영원한 행복의 완성입니다.

그는 근본 하나님의 본체시나 하나님과 동등됨을 취할 것으로 여기지 아니하시고 오히려 자기를 비워 종의 형체를 가지사 사람들과 같이 되셨고 사람의 모양으로 나타나사 자기를 낮추시고 죽기까지 복종하셨으니 곧 십자가에 죽으심이라(빌 2:6-8)

예수님이 십자가로 열어놓은 이 길을 통하여 구원받아야 영원히 행복한 자가 됩니다. 이웃도 초대하여 살려낼 때 모두 모두가 행복해지고 행복의 절정을 맛보게 됩니다. 예수 그리스도는 행복샘의 원천입니다.

하나님이 세상을 이처럼 사랑하사 독생자를 주셨으니 이는 그를 믿는 자마다 멸망하지 않고 영생을 얻게 하려 하심이라 하나님이 그 아들을 세상에 보내신 것은 세상을 심판하려 하심이 아니요 그로 말미암아 세상이 구원을 받게 하려 하심이라(요 3:16-17)

화목은 모두가 행복의 길로 나가는 초석입니다.

화평하게 하는 자는 행복합니다. 하나님의 아들이라 일컬음을 받습니다.

그의 십자가의 피로 화평을 이루사 만물 곧 땅에 있는 것들이나 하늘에 있는 것들이 그로 말미암아 자기와 화목하게 되기를 기뻐하심이라(골 1:20)

'십자가 원리'는 순교신앙으로 '죽어야 함께 삽니다.'

투쟁과 진멸, 정복이 아닌 '선으로 악을 이기는 것'이어야 합니다. 이 세상에서의 승리는 참패일 수도 있습니다. '부활의 최후 승리'가 승리입니다. 세상 승리만을 추구하면 십자가는 없어지고 번영신앙으로 변질됩니다. 지상낙원을 세우려고 몸부림치는데 지상낙원은 도래하지 않습니다. 예수님이 재림해야 비로소 완전한 천국이 도래됩니다.

성경은 창조계시를 조명하고 보존을 강화하셨습니다. 재림시까지 공존을 밝혔습니다. 인간의 갈망인 '자유와 평등'에서 '사랑과 존중, 화평과 공존'으로 전환되어야 합니다. 이것이 십자가의 길입니다. 예수님이 오셔서 분명히 말씀하셨습니다.

나는 평화의 왕으로 왔다. 그리고 새 계명으로 '서로 사랑하라' 하셨습니다.

죽이는 것이 아니라 '살리는 길'과 '영생의 길'을 여셨습니다. 살리는 것과 죽이는 것 어떤 것이 옳습니까? 영생의 길을 연 십자가의 길만이 바른길입니다. 예수 그리스도와 십자가의 길이 행복샘의 원천입니다.

십자가의 도가 멸망하는 자들에게는 미련한 것이요 구원을 받는 우리에게는 하나님의 능력이라(고전 1:18)

'십자가'는 살리는 길입니다.
나의 행복이 너의 행복이 되어 지속적 행복이 됩니다.
'십자가'는 영생의 길입니다.
행복의 단절 사망을 이기는 영원한 행복의 길입니다.

타락이란 에덴을 상실함과 더불어 절대평가가 비교평가로 바뀌어 정체성이 깨졌습니다.

보존의 언약을 깨고 약육강식으로 변질시켰습니다. 비교 능력주의가 되어 공생보다는 공멸로 가고 있습니다. 모두의 행복을 앗아갑니다. 십자가만이 이 모든 것을 회복합니다.

예수님은 회복을 위해 오셨고 공존을 강조하시며 새 계명으로 '서로 사랑하라' 하셨습니다. 십자가로 불안전한 보존과 공존에서 완전한 '영생의 길'을 열었습니다. 십자가로 영생을 얻는 영원한 행복의 길을 여셨습니다. 이웃에게 새 생명을 주는 것보다 더 기쁘고 행복한 삶은 없습니다. 예수 그리스도와 십자가는 행복샘의 원천입니다.

예수 그리스도와 행복은 깊이 연결되어 있습니다. 예수님은 인간이 참된 행복을 누릴 수 있는 길을 열어 주셨습니다.

그분의 삶과 가르침을 통해 우리가 진정으로 행복해질 수 있도록 방법을 보여 주셨습니다. 예수 그리스도와 행복은 직결됩니다.

첫째. 예수님은 행복의 원천입니다.

예수님은 단순히 행복의 길을 가르치신 분이 아닙니다. 성경은 예수님 자신이 바로 행복의 근원임을 가르칩니다. 예수님은 "나는 길이요 진리요 생명"이라고 하셨고(요 14:6), 그분을 통해서만 우리는 하나님과의 올바른 관계를 회복하고 참된 행복을 누릴 수 있습니다. 예수님이 우리의 삶에 들어오실 때, 우리는 하나님과 다시 연결되어 영적인 충만함과 평안을 얻습니다.

둘째. 예수님의 가르침을 따를 때 행복을 누립니다.

예수님은 산상수훈에서 8복을 통해 행복의 비결을 가르쳐주셨습니다. 이 8복은 타락한 이 세상에서 예수님이 재림하여 영원하고 완전한 행복을 이루실 때까지, 어떻게 살아야 하는지의 지침입니다. "심령이 가난한 자", "애통하는 자", "온유한 자" 등의 가르침은 겉으로 보기에는 역설적일 수 있지만, 예수님은 이들을 진정으로 행복한 사람이라고 하셨습니다. 이는 예수님의 가르침이 세상의 가치관과는 다른 방식으로 참 행복에 이르는 길을 제시함을 의미합니다.

셋째. 예수님은 우리를 죄와 불행에서 구원하십니다.

예수님은 인간이 겪는 가장 큰 불행, 즉 죄와 죽음의 문제를 해결해 주셨습니다. 죄는 인간과 하나님 사이를 가로막고, 참된 행복을 누리지 못하게 만듭니다. 그러나 예수님은 십자가에서 우리의 죄를 대신 지시고 죽으시고, 부활하심으로 우리에게 새로운 생명과 영원한 행복을 선물로 주셨습니다. 예수님을 믿고 그분을 구주로 받아들일 때, 우리는 죄의 삯인 사망을 이기게 되고 죄의 굴레에서 벗어나 자유와 평안, 그리고 영원한 기쁨을 누리게 됩니다.

넷째. 예수님과 함께하는 삶이 행복한 삶입니다.

예수님은 우리에게 단순히 구원만을 주신 것이 아니라, 매일의 삶에서 우리와 함께하시며 우리를 도우시고 인도하십니다. 예수님과 동행하는 삶은 어떤 어려움 속에서도 희망과 기쁨을 잃지 않게 하며, 참된 만족과 평안을 줍니다. 예수님은 "내가 너희에게 평안을 주노라"(요 14:27)고 하셨습니다. 이 평안은 세상이 줄 수 없는 것이며, 예수님과의 관계 속에서만 누릴 수 있는 행복입니다.

예수님 안에서의 행복이 참 행복입니다. 예수님은 행복샘의 원천입니다. 예수 그리스도는 우리가 진정으로 행복해질 수 있는 유일한 길입니다. 예수님을 통해 우리는 하나님과의 관계를 회복하고, 그분의 가르침을 따르며, 죄와 죽음에서 해방되어 영생과 더불어 영원한 기쁨을 누리게 됩니다. 예수님과 함께하는 삶은 단순히 일시적인 행복이 아니라, 영원하고 변하지 않는 참된 행복을 약속합니다. 예수님을 믿고 그분을 따를 때, 우리는 세상에서 누릴 수 없는 깊은 평안과 만족을 얻게 됩니다.

십자가를 통과할 때만이 진정한 행복으로 접근할 수 있는 것입니다. 하나님의 자녀가 되면 영생의 길을 얻고 영원한 행복이 펼쳐집니다.

원수도 사랑하며 화평을 이룹니다.

다름을 인정하며 진멸이 아닌 공존을 힘쓰게 합니다.

죽이는 것이 아닌 살리는 것입니다.

선으로 악을 이겨나가며 섬김으로 감화시킵니다.

순교의 길을 가며 모두를 행복의 길로 초대합니다.

죽이고 죽이려는 세상 가운데, 살리는 삶 공존의 지혜를 얻은 자 행복합니다.

긍휼히 여기는 자는 복이 있다.

화평케 하는 자는 복이 있다. 행복합니다.

십자가의 은혜를 입은 자. 살리는 자는 행복합니다.

의로 인하여 박해를 받는 자는 행복합니다.

구원을 얻어 영생하는 자 영원한 행복의 길이 열립니다.

교회사에 십자가의 뜻이 바로 서 있었는가?

십자가의 도가 온전히 구현되지 못했을 수도 있다.
세상과 영합한 지상낙원 주의가 팽배하지는 않았는지,
그리고 십자가 길이 아닌 정복 전쟁, 순교의 길이 아닌
투쟁의 길을 택하지 않았는지, 깊이 묵상해 보아야 한다.

구 분	문제점	쟁 점	결 과
1기 순교신앙	유대교와 기독교 충돌	율법과 복음 (선민사상)	초대교회 탄생 기독교 공인과 유럽 복음화
2기 권력세속화	황제권과 교권 충돌	교권 타락화	교황권과 바티칸화 종교개혁의 태동
3기 종교개혁	카톨릭과 개신교 충돌	30년 전쟁 신앙 자유	신대륙 복음화 개교회화와 자본주의 출현 으로 세계복음화의 초석
4기 자본세속화	선교 교회와 조직화 교회	번영·기복신앙 현세신앙 무교회 주의 다원주의	성경 오용으로 이단 심각성 지상유토피아 재림예수 미혹 복음주의와 선교단체 등장 제2 종교개혁이 촉구됨
5기 제 2 종교 개　혁	임박한 재림		복음 중심 - 사랑과 화평. 기복 쾌락주의 극복 선교 중심 - 정복사상 배척. 배타주의 극복 순교 신앙 - 십자가와 무저항. 정치불참 부활 신앙 - 지상 유토피아 미혹 극복

3장
행복자람의 토양과 밑거름

행복의 생수인 말씀을 지속적으로 공급받는 곳은 교회입니다. 성경을 통해 거듭남으로 정체성이 서야 너의 행복이 나의 행복이 됩니다. 흔들리지 않는 행복이요 다른 사람의 행복에도 박수를 칠 수 있습니다.

행복을 싹트게 하는 토양과 자람의 터전은 교회입니다.
교회에서는 행복의 생수인 하나님의 말씀이 지속적으로 공급됩니다.

예수님은 교회를 피로 사셨다고 하시고, 교회는 그리스도의 몸이라고 합니다.

지상교회는 모순이 많습니다.
그럼에도 교회는 성령님이 역사하시는 장입니다.
교회에 속함으로 성령의 인도를 구체적으로 받을 수 있고, 살고 살리는 일을 감당합니다. 교회를 떠난 성도는 광야 가운데 서게 됩니다. 교회는 신앙을 보호하는 방주입니다. 교회는 말씀을 받는 통로이고, 양육 받는 요람이고, 성화하는 학교입니다. 교회는 정체성을 확인하는 학습장입니다. 세상으로 파송 받는 출발지입니다. 계시와 언약이 구현되는 곳입니다. 행복으로 초대하는 길목입니다.

교회는 예수님의 몸이고 교회의 머리는 예수님이십니다.

(계 1:20) 네가 본 것은 내 오른손의 일곱 별의 비밀과 또 일곱 금 촛대라 일곱 별은 일곱 교회의 사자요 일곱 촛대는 일곱 교회니라

교회는 하나님이 붙들고 계시는 곳입니다.

교회는 새 생명을 잉태하는 둥우리입니다.
교회는 구원에 이를 때까지 거름 역할을 합니다.
교회는 행복에 이르는 길에 도움을 받는 통로입니다.
말씀의 통로이고, 영생의 길 안내자이며, 정체성 확립의 훈련장입니다.

행복으로 초대하는 길목인 교회에 들어서면 행복이 시작됩니다. 지속적인 말씀의 공급은 우리를 행복 안에 머물도록 붙들어 주는 버팀목입니다. 교회는 행복을 싹트게 하고 자라게 하는 토양

입니다.

행복자람의 밑거름은 우리의 정체성입니다.

"연예인처럼 살지 말라" 혜민 스님에 대하여 충고한 현각 스님의 이야기이다(글: 백성호 기자. 출처: 중앙일보 "연예인처럼 살지 말라").

그는 하버드대에서 숭산 스님(1927~2004)의 초청 강연을 듣다가 "너는 누구인가?"라는 말에 충격을 받고 출가한 독신 수도자이다. 미국 예일대를 졸업한 뒤 하버드대 신학대학원에서 비교종교학을 공부했다. 당시 상황을 그대로 살펴보자.

그는 숭산 스님을 처음 만나 자신의 이름을 밝힌 뒤 가톨릭 집안에서 자란 이야기, 어떤 공부를 했고, 쇼펜하우어를 통해 불교 사상을 처음 접하게 됐고, 요즘은 누구에게 관심이 있고, 어떤 책을 읽고 있는지 등을 이야기했다.

그러자 말없이 듣고 있던 숭산 스님이 소리를 버럭 질렀다. "너는 누구냐~아아!" 그는 깜짝 놀랐다. 대화하다가 그런 물음을 그런 식으로 받아 본 적은 한 번도 없었기 때문이다.

그는 "그때 정말로 무서웠다. 진짜 굶주린 호랑이 앞에 제가 앉아 있는 기분이었다"고 말했다. 그는 너무 당황했지만 정신을 차리고 가까스로 대답했다. "제 이름은 ○○입니다."

그 말에 숭산 스님은 다시 버럭 소리를 질렀다. "그건 네 어머니가 지어준 이름이다. 너는 누구냐~아아?" 그는 충격을 받았다. 그저 멍했다. 그래서 "모르겠습니다"라고 답했다. 그러자 숭산 스님은 "그것을 공부해라. 그것만 공부해라. 이제 책은 그만해!"

너는 누구냐? 라는 질문은 정체성[identity]의 문제입니다.

대학 친구들 모임 자리였습니다. 대화 중 현각 스님 얘기가 나왔습니다. 한 친구가 그분은 하버드 재학 시 숭산 스님의 강의를 듣던 중 '너는 누구야?'라는 질문에 감화되어 수행의 길을 나선 분이라고, 하안거 동안거를 32회나 수행한 경건한 분이라고 소개했습니다.

다른 한 친구가 첫마디에 '그가 누구란 걸 발견했대?'였습니다.

그렇습니다. 수도를 많이 한다고 DNA 검사를 한다고 해서 정체성이 세워지는 것이 아닙니다.

인간에게는 정체성이 왜 중요할까요?

이 정체성은 과연 어떻게 세워지고 어떻게 세울 수 있는 것입니까?

정체성이 세워지지 않으면 비교의식에 사로잡혀 행복에 이르지 못합니다. 정체성이 세워져야 나 남이 없는 것 나에게 있는 것에 감사하고, 나 남이 가진 것 없어도 시기 질투하지 않게 됩니다. 비로소 다른 사람의 행복에 박수를 보낼 수 있습니다. 다른 사람의 불행으로 나의 행복을 만들지 않습니다. 정체성은 행복자람의 밑거름입니다.

나의 정체성은 태어나면서부터 세워지는 것으로 부모와의 관계에서부터 출발합니다. 부모와 자식의 관계는 DNA 검사를 통해 세워지는 것이 아닙니다. 알림을 통해 정립되어지는 것입니다. 물론 키워지면서 신뢰도 있겠지만 끊임없는 알림으로 세워집니다. 곧 아빠야 엄마야. 아빠 해 봐. 엄마 해 봐. 부모로부터 가르쳐 준 것입니다. 이것이 계시인 것입니다.

한 걸음 더 나아가 인간이란 어떻게 창조되었고 우주 가운데 어떤 위치인가? 과학으로 증명되어 확증하는 것이 아니고 계시를 통해 확립되어지는 것입니다.

그런데 인간은 창조와 더불어 확립되어 있어야 할 인간의 정체성이 혼미에 빠졌습니다. 그것이 곧 타락입니다. 정체성의 혼미는 모든 문제의 근원이 됩니다.

타락이란 절대주권으로 부여한 정체성 상실입니다. 절대평가가 비교평가로 바뀐 상태입니다. 이로 인해 비교 능력주의가 탄생 되었고 경쟁 사회가 되었습니다. 열등감이나 우월감에 사로잡힌 인간은 애통하는 자로 전락됩니다. 행복을 잃어버렸습니다.

반대로 정체성이 세워지면 바른 인생의 출발점에 서게 됩니다. 소명이 생기고 사명도 생기는 인생이 되는 것입니다. 행복의 출발점이 됩니다.

타락으로 정체성을 상실한 인간은 방황과 혼돈의 늪에 빠져 각자의 소견대로 살아가게 됩니다. 세상에서 참 행복의 길을 찾지 못하고 거짓 행복에 빠져 방황하게 됩니다. 정체성이 세워져야만 삶의 목적도 가치도 찾게 되는 것입니다. 타락한 인간의 정체성은 거듭남으로 세워지고 하나님의 뜻을 구하는 삶이 됩니다. 행복한 삶의 출발점입니다. 행복자람의 밑거름입니다.

성경 안에서 구원을 얻어야 우리의 정체성이 세워집니다.

이 땅에 살아가는 대부분의 사람들이 DNA 검사를 해 보고 아버지를 아버지라 어머니를 어머니라 부르고 살아가지 않습니다. 믿고 부르고 삽니다. 예수님이 믿어짐으로 믿는 무리가 역사 가운데 수없이 존재해 왔고, 현재도 지구촌에는 믿는 많은 기독인이 존재하고 있습니다.

(레 26:12) 나는 너희 중에 행하여 너희의 하나님이 되고 너희는 내 백성이 될 것이니라

(요 1:12) 영접하는 자 곧 그 이름을 믿는 자들에게는 하나님의 자녀가 되는 권세를 주셨으니

인간은 타락과 더불어 정체성을 잃어버렸고 비교의식으로 바뀌었습니다. 계시한 절대주권을 받아들이고, 계시 안에 있는 절대평가를 회복하지 않는 한 내가 누구인지를 알지 못합니다.

정체성은 하나님과의 관계에서 세워지는 것입니다.
타락한 인간은 구원을 받음으로 정체성이 세워집니다.
정체성이 세워짐으로 바른 인생의 출발점이 됩니다.
소명이 생기고 사명도 생기는 인생이 되는 것입니다.

정체성 identity 이란 하나님과 나와의 관계입니다. 행복한 자임
을 증언하는 결과입니다.

계시로 구별된 신분, 부여받은 신분을 깨달을 때 정체성이 확립
되어 집니다. 창조계시에서 잃어버린 정체성을 성경계시를 통하여
십자가로 구원받음으로 정체성이 세워집니다. 정체성 확립은 행복
의 출발점입니다.

(신 33:29) 이스라엘이여 **너는 행복한 사람이로다** 여호와의 구원
을 너 같이 얻은 백성이 누구냐 그는 너를 돕는 방패시요 네 영광
의 칼이시로다 네 대적이 네게 복종하리니 네가 그들의 높은 곳을
밟으리로다

성경계시 곧 하나님의 말씀은 우리의 정체성을 분명히 세워 줍니
다. 예수 십자가로 구원받은 자는 자존감을 회복합니다. 자신의 신
분 확인입니다. 행복을 되찾는 동기이고. 행복한 자임을 확증하는
것입니다.

(롬 8:15) 너희는 다시 무서워하는 종의 영을 받지 아니하고 양자
의 영을 받았으므로 우리가 **아빠 아버지라고** 부르짖느니라

(벧전 2:9) 그러나 너희는 **택하신 족속이요 왕 같은 제사장들이**

요 거룩한 나라요 그의 소유가 된 백성이니 이는 너희를 어두운 데서 불러 내어 그의 기이한 빛에 들어가게 하신 이의 아름다운 덕을 선포하게 하려 하심이라

(요 14:17-18) 그는 진리의 영이라 세상은 능히 그를 받지 못하나니 이는 그를 보지도 못하고 알지도 못함이라 그러나 너희는 그를 아나니 그는 너희와 함께 거하심이요 또 **너희 속에 계시겠음**이라 내가 너희를 **고아와 같이 버려두지 아니하고** 너희에게로 오리라

(고전 3:16) 너희는 너희가 **하나님의 성전**인 것과 하나님의 **성령이 너희 안에 계시는 것**을 알지 못하느냐

(고후 4:7) 우리가 이 **보배를 질그릇에 가졌으니** 이는 심히 큰 능력은 하나님께 있고 우리에게 있지 아니함을 알게 하려 함이라

(고후 5:17) 그런즉 누구든지 그리스도 안에 있으면 **새로운 피조물**이라 이전 것은 지나갔으니 보라 새 것이 되었도다

(롬 5:1) 그러므로 우리가 믿음으로 **의롭다 하심을 받았으니** 우리 주 예수 그리스도로 말미암아 하나님과 화평을 누리자

정체성 확립은 행복의 출발점이고 나의 행복이 너의 행복이 됩니다. 행복자람의 밑거름입니다.

정체성의 혼미에서는 행복의 길로 접근할 수 없습니다.

언제나 출발점은 현 위치에서 하듯 정체성이 서야 다음 단계로의 진입이 가능합니다.

정체성이 세워지면 열등감과 비교의식이 끝나고 행복의 문이 열립니다. 절대주권하에서 자족하는 은혜가 임합니다. 나의 행복 너의 행복을 인정하게 됩니다

인간이란 영원자 앞에 하루살이 같은 유한한 자입니다. 전지전능자 앞에 맹인같이 어두운 자입니다. 내 모습 그대로 창조의 독특성을 인정하고 받아들여서 자존감을 확립하고 나에게만 있는 것에 감사해야 합니다. 부족한 것, 연약한 것, 없는 것 비교하다 열등감의 수렁에 빠져서는 안 됩니다. 상대방도 창조 독특성대로 존중하고 인정하는 온유한 자가 되어야 합니다. 내 기준의 관점 철학 사상은 의미가 없습니다. 위대한 걸작품으로 지음 받았고 하나님을 아빠 아버지라 부르는 존재입니다. 하나님의 자녀 된 권세를 가졌고, 고아와 같이 버려진 자가 아닙니다. 하나님이 임마누엘로 언제나 함께 해주시는 자가 되었습니다. 참 행복한 자임을 확증하는 것이 정체성입니다. 정체성은 행복의 출발점이고 행복자람의 밑거름

입니다.

인간은 내가 누구인지 모르고 혼미 가운데 있는 자입니다.

성경을 통하여 내가 수납함으로 정체성이 세워집니다.

예수님을 통하여 거듭남으로 새로운 피조물이 됩니다.

자존감을 회복하고 열등감을 극복하게 됩니다.

능력주의 앞에 의연해질 수 있습니다.

다른 사람의 행복에 박수를 칠 수 있습니다.

나의 행복이 너의 행복을 만들 수 있습니다.

남도 존중함으로 '내가 살고 네가 사는 행복의 길'을 펼칠 수 있습니다.

자신이 누구인지 알고 영생의 정체성을 가진 자는 행복합니다.

심령이 가난 한 자 되어 범사에 그를 인정하는 자.

온유한 자, 의에 주리고 목마른 자.

긍휼히 여기는 자. 화평케 하는 자.

의를 위하여 박해받는 자.

은혜 가운데 성령의 인도 받는 자 행복합니다.

4장
행복꽃 중의 꽃

1. '살리는 일'에 초점을 맞추면 행복의 절정에 이릅니다.

(요일 4:9) 하나님의 사랑이 우리에게 이렇게 나타난 바 되었으니 하나님이 자기의 독생자를 세상에 보내심은 그로 말미암아 우리를 살리려 하심이라

예수님은 영원히 죽을 우리를 살리러 오셨습니다.
우리는 예수님을 전하여 죽어 가는 영혼을 살려야 합니다.
살리는 일보다 더 행복한 일은 이 땅에 없습니다.
살리는 삶이 행복의 절정입니다.

이스라엘에 가면 좁은 땅이지만 바다 해수면보다 낮은 특이한 호수 둘이 있습니다. 위쪽에 있는 호수를 갈리리 호수라 합니다. 헐몬산에서 내려오는 물은 받은 호수로 온갖 물고기가 살고 이스라엘의 젖줄입니다. 갈릴리 호수에서 흘려보낸 물이 아래쪽 호수인

사해에 이르게 됩니다. 이 호수는 물은 받아도 물을 흘려보내지 못하여 생물이 살지 못하는 죽음의 바다가 됩니다. 살리는 물이 있는가 하면 죽는 물이 있습니다.

인간이 만든 연장 중에도 칼은 매우 유용한 도구입니다. 그러나 이 칼이 의사의 손에 잡히면 생명을 살려 내기도 하지만 살인자의 손에 잡히면 사람을 죽입니다.

인간이 종사하는 직업에도 살려내는 직업이 있는가 하면 죽이는 데 힘쓰는 직업이 있을 수 있습니다. 장발장에 나오는 신부와 자베르 형사가 한 예입니다. 정치는 살리는 일을 해야 합니다. 살리는 일에 초점을 맞추면 내가 살고 너도 삽니다. 나의 행복이 너의 행복이 되고, 너의 행복이 나의 행복이 됩니다. 살리는 일보다 더 행복한 일은 없습니다.

박정희 대통령이 1965년 미국을 방문한 일이 있습니다. 그때 육군사관학교 '웨스트 포인트'에도 들리게 됩니다. 그 현장에 있었던 일화를 소개합니다(출처 미상).

미 육사에서는 외국 국가 원수가 방문하면 몇 가지 특권을 주는 전통이 있습니다.

　예수님이 가르쳐 주신 여덟 가지 행복

즉석에서 미 육사생들의 퍼레이드를 요청하든가,

미 육사생들을 상대로 연설을 하든가,

미 육사에서 주는 선물을 받든가 하는 것입니다.

방문한 박 대통령에게도 미 육사에서 특권을 말하라고 했습니다. 대부분은 주로 즉석에서 생도들의 퍼레이드를 요청합니다. 기념품을 받아 가거나, 생도들을 상대로 연설을 했던 많은 국가 원수들도 있습니다. 그런데 박정희 대통령은 엉뚱한 주문을 합니다. "지금 교정에서 벌을 받고 있는 생도들을 사면해 달라"고 요청합니다.

미 육사 교장은 점심시간에 특사령을 발표합니다. "방문한 한국의 박정희 대통령 요청으로 지금 교정에서 학칙 위반으로 벌을 받고 있는 260명 생도들의 벌을 특별사면 한다."

식당에서 점심을 먹고 있던 미육사생들은 이 방송을 듣고 일제히 일어서 박수를 보냅니다. 이때 박 대통령도 같은 식당 2층에서 점심을 먹다가 일어서서 손을 흔들어 화답합니다.

1965~1970년 미 육사를 다닐 때 박정희 대통령에게 박수를 보냈던 생도들은 졸업 후, 당시 기피하던 한국 파병 근무를 자원하게 되었을 뿐만 아니라, 그 후에도 미 육사를 졸업한 장교들 중 한국

근무를 영광으로 생각하는 전통까지 생겨나게 되었다 고 합니다.

정치에서 '하나만 같아도 동지'로 보는 사람은 성공한다고 합니다. 그러나 '하나만 달라도 적'으로 보는 사람은 실패할 가능성이 크다고 합니다.

제가 목회 생활 중 결정을 해야 할 때 필터링하던 5개 과정이 있어 소개합니다.

1. 종교생활? or 믿음생활?
2. Work? or Man?
3. All? or Only?
4. 급한 것? or 긴한 것?
5. **죽이는 길이냐? or 살리는 길이냐?**

상대를 죽이는 일이 있습니다.
7대 악은 – 교훈 권면 조언 충고 지적 판단 평가입니다.
모답을 제시하면 죽이는 길이 됩니다.
'애썼네. 수고했네. 잘했네.' 존중과 칭찬만이 살립니다.

상대를 살리는 길은 내가 은혜 안에서 즐거움으로 행복감에 젖어 있을 때입니다. 비관적인 사람을 변화시킬 수 있습니다. 구원의 감격을 가진 자입니다.

내가 믿음 안에서 담대함으로 자신감을 드러낼 때입니다. 자신감을 잃고 비굴함에 빠진 이웃을 건질 수 있습니다. 하나님이 나를 인도하신다는 믿음의 사람입니다.

내가 온전한 정체성을 가지고 당당히 살아가며 자존감을 나타낼 때입니다. 정체성의 혼미 가운데 열등감에 빠진 이웃을 회복시킬 수 있는 것입니다. 하나님의 자녀 된 자입니다.

8복에서 온유한 자, 의에 주리고 목마른 자, 긍휼히 여기는 자, 화평하게 하는 자 모두 살리는 자입니다. 행복한 자입니다. 살리는 일은 행복꽃 중의 꽃입니다. 살림으로 행복의 절정을 맛보는 삶 되시기를 바랍니다.

2. 새 계명을 따라 '서로 사랑하면' 행복이 지속됩니다.

인간들의 죄가 관영하므로 물로 심판하셨지만, 노아 가정과 남겨둔 온갖 생물들을 통하여 다시 번성하게 하셨습니다. 불로 심판할 때까지 보존되기를 원하셨습니다. 우리는 공생의 노력을 지속해야 합니다. 예수님은 십자가 지시기 전 제자들의 발을 씻기신

후, '서로 사랑하라'는 말씀을 새 계명으로 주셨습니다.

(요 13:34-35) 새 계명을 너희에게 주노니 서로 사랑하라 내가 너희를 사랑한 것 같이 너희도 서로 사랑하라 너희가 서로 사랑하면 이로써 모든 사람이 너희가 내 제자인 줄 알리라

이 말씀은 거역할 수 없는 새로운 계명입니다. 정복과 진멸이 아닙니다. 함께 사는 길은 서로 사랑하며 긍휼의 마음으로 서로를 돌보아야 합니다. 보존의 길입니다.

(막 12:30-31) 네 마음을 다하고 목숨을 다하고 뜻을 다하고 힘을 다하여 주 너의 하나님을 사랑하라 하신 것이요 둘째는 이것이니 네 이웃을 네 자신과 같이 사랑하라 하신 것이라 이보다 더 큰 계명이 없느니라

하나님 사랑 이웃 사랑은 인간으로서 최대의 행복에 머물게 합니다. 공동체가 함께 행복을 누리게 합니다. 행복이 보존되는 길입니다.

3. '원수도 사랑하면' 맛보지 못한 새로운 행복을 맛보게 됩니다.

(마 5:44-45) 나는 너희에게 이르노니 너희 원수를 사랑하며 너희를 박해하는 자를 위하여 기도하라 이같이 한즉 하늘에 계신 너희 아버지의 아들이 되리니 이는 하나님이 그 해를 악인과 선인에게 비추시며 비를 의로운 자와 불의한 자에게 내려주심이라

하나님의 섭리인 보존을 위해서는 공존을 목표로 두고 서로서로 살리는 일에 힘을 모아야 합니다. 그런데 우리는 죽이는 데 혈안이 되고 있습니다. 이데올로기화하고 양극화하면서 남을 죽여야 내가 산다고 착각합니다. 정치가 그렇고 생존경쟁의 현장이 그렇습니다. 그러나 정작 공생하려고 하면 협업을 하든지 무리를 지음으로 함께 살아납니다. 존중하고 인정하는 데서부터 출발하여 관용으로 용납하고 수용하는 데까지 이르러야 합니다. 범사에 감사하며 다름과 같음을 이해하고 화평함으로 공존이 목표가 되어야 합니다. 함께 살고 더불어 살도록 지음 받았다는 창조원리를 깨달아야 합니다. 원수도 사랑하면 지금까지 맛보지 못한 새로운 행복을 맛보게 됩니다.

예수님의 삶을 본받으면 행복의 절정에 머물게 됩니다.
예수님은 십자가를 지시고 모두를 살리는 일을 감당하셨습니다.

예수님은 이 땅에 살리러 오셨습니다. 이 땅에 오셔서 말씀하시기를 상한 갈대를 꺾지 않으시고 꺼져가는 심지를 끄지 않기를 심판(재림) 때까지 원하신다고 말씀하셨고 가라지도 두라고 말씀하셨으며 선인과 악인에게도 동일하게 아직 해와 비를 주신다고 하셨습니다. 현장에서도 간음한 여인을 보고 나도 너를 정죄하지 않으신다고 말씀하시며 살려내신 예수님을 본받아야 합니다. 비판과 판단을 금하고 살려내야 합니다. 원수를 사랑하는 일만큼 행복의 강에 푹 빠질 수 있는 일은 없습니다.

(눅 6:9) 예수께서 그들에게 이르시되 내가 너희에게 묻노니 안식일에 선을 행하는 것과 악을 행하는 것, 생명을 구하는 것과 죽이는 것, 어느 것이 옳으냐 하시며

생명을 살리는 일에서 구원을 이루게 해야 합니다.

(마 16:24) 이에 예수께서 제자들에게 이르시되 누구든지 나를 따라오려거든 자기를 부인하고 자기 십자가를 지고 나를 따를 것이니라

십자가를 지고 나를 따르라 했는데 십자가는 살리는 길입니다. 살리는 것보다 더 큰 기쁨도 더 큰 행복도 이 지상에는 존재하지 않습니다.

예수님은 영원히 하나님과 함께 영존할 길을 준비하셨습니다. 곧 구원의 길입니다. 우리를 위해 죽으신 예수님을 영접하기만 하면 영존을 길이 열리도록 하신 것입니다. 타락한 인간은 그저 주시는 이 은혜를 속히 받아들여 영생을 길을 얻어야 합니다. 또한, 먼저 이 은혜를 입은 자들은 사명을 감당해야 합니다. 이웃을 영생의 길로 인도해야 합니다.

이 땅에서 서로 보존의 길인 새 계명을 따라 '서로 사랑'하여야 합니다. 유언을 따라 복음을 증거하여 영원히 사는 영생의 길을 이웃에 소개하여 살려내어야 합니다. 때를 얻든지 못 얻든지(딤후 4:2) 영생의 길인 혼인잔치에 이웃들을 힘써 초청해야 합니다. 성령에 힘입어(행 1:8) 증언자로 화목의 직분을 감당해야 합니다.

전도와 선교는 살리기 위한 선한 영향력이지, 정복, 지배, 강압적 주입이나 배척 살인이 아닙니다. 살려내기 위해서는 '택하신 족속, 소유가 된 백성'으로서 영광을 돌리는 삶이 되어야 합니다. 언제나 하나님을 찬양하고 범사에 감사하고 원수도 사랑하여 증인 된 모습을 드러내야 합니다. 항상 기뻐하라는 말씀에 순종하여 매사에 기뻐하는 삶의 모습은 살리는 방법입니다.

살리는 삶. 행복합니다.

8복을 묵상하면 됩니다.

심령이 가난한 자. 애통하는 자.

긍휼히 여기는 자 되면 행복해집니다.

의에 주리고 목말라하며

온유하고 화평하며 원수도 사랑하면 살려냅니다.

우리는 복 있는 자리에 있게 되고 행복해집니다.

이 세상에는 정답이 없고 절대가 없습니다. 그래서 인간은 혼돈과 혼미 속에서 삽니다. 누구나 행복을 추구하지만, 참 행복의 길을 찾지 못하고 파랑새를 쫓으며 살아갑니다.

정답을 찾지 못하는 세상이지만, 성경에 '나는 길이요 진리'라고 선포하신 분이 있습니다. 정답을 알려주시겠다는 것입니다. 그분이 예수 그리스도이십니다.

그분이 하나님의 자녀 된 자, 장차 되어 질 자들에게 직접 가르쳐 주신 복이 있습니다. 바로 여덟 가지 복, 8복입니다. 이것은 지상에서 찾아낸 복이 아니고 하늘로부터 계시 된 복으로서 어떤 상황이나 한계를 초월하는 행복입니다. 사람이 추구하는 행복은 오래가지 못합니다. 참된 행복은 '하늘로부터 계시된 행복'이어야 합니다.

예수님이 가르치신 이 여덟 가지 복은 참 행복입니다. 8복을 묵상하고 순종하며 살아갈 때 행복은 사라지지 않습니다. 하나님을 경외하는 자리에서 인간의 본분이 회복되고, 눈물과 근심이 많은 이 세상 속에서도 평안과 기쁨이 솟아나고 생명력이 꿈틀댑니다.

그때부터 진짜 행복한 인생이 펼쳐집니다.

이 세상에서 가장 큰 혼란은 '나는 누구인가?' 하는 정체성의 혼미입니다. DNA 검사를 한다고 해서 정체성이 세워지지 않습니다. 예수 그리스도를 영접하면 하나님의 자녀가 되고 거듭남으로 새로운 피조물이 될 때, 성경 말씀을 통하여 바른 정체성이 세워집니다. 행복 여정의 시작입니다.

십자가의 은혜로 정체성이 세워진 사람은 열등감과 비교의식에서 벗어나 감사하고 자족하며, 이웃도 존중하고 화목하며, 서로 사랑하고 원수까지 사랑하게 됩니다. 무엇보다 살리는 삶을 추구하게 됩니다. 나의 행복이 너의 행복이 되고, 너의 행복이 나의 행복이 됩니다.

참 행복의 길은 성경 안에 있습니다. 성경의 중심은 예수 그리스도이며, 완성은 십자가입니다. 인간이 갈망하는 영원한 행복도 예수 그리스도 안에서 완성됩니다. 십자가의 긍휼을 깨닫고 그분이 안내하는 복의 길로 들어서면 영원하고 변함없는 행복의 길이 열립니다.

우리의 행복은 정복하거나 지배하는 곳에 있지 않습니다. 서로 보존하는 데 뜻을 두어야 합니다. 이것이 창조계시요 언약입니다. 공생과 공존을 목표로 삼고 서로 사랑하며 살리는 데 목적을 두어야 합니다. 긍휼의 마음으로 원수까지도 사랑할 때 나의 행복이 너의 행복이 됩니다. 긍휼히 여기는 자는 복이 있나니 그들이 긍휼히 여김을 받을 것이다.

또한, 우리는 행복을 소유에서 찾으려 하지 말고 자족하고 돌보며 고르게 함으로 나의 행복이 공동체의 행복이 되게 해야 합니다. 우리는 투쟁하거나 쟁취하는 인생이 아니라 십자가를 지는 인생이 되어야 참 행복 안에 머무르게 됩니다. 우리는 더불어 살아가는 행복을 맛보아야 참 행복한 자가 됩니다. 더불어 사는데 최상의 덕목은 화목입니다. 화목하게 하는 삶은 예수님을 닮은 삶으로 내가 살고 네가 살고, 모두가 지속적인 행복의 길로 나아가게 합니다. 화평을 이루는 사람들은 행복하다. 그들은 하나님의 아들이라 불릴 것이다.

행복한 인생이란 살아 있을 때 예수를 영접하고, 죽음에 이를 때까지 예수님께 붙들림 받는 인생입니다.

날마다 8복을 암송하고 묵상하며, 심령이 가난한 자로서 영원한 행복인 천국에 이를 때까지 험난한 세상 가운데서도 행복한 삶을 사시기를 기도합니다. 아멘!

할렐루야!

예수님이 가르쳐 주신
여덟 가지 행복

ⓒ 황대섭, 2026

초판 1쇄 발행 2026년 2월 6일

지은이   황대섭
펴낸이   이기봉
편집   좋은땅 편집팀
펴낸곳   도서출판 좋은땅
주소   서울특별시 마포구 양화로12길 26 지월드빌딩 (서교동 395-7)
전화   02)374-8616~7
팩스   02)374-8614
이메일   gworldbook@naver.com
홈페이지   www.g-world.co.kr

ISBN   979-11-388-5413-9 (03230)

- 가격은 뒤표지에 있습니다.
- 이 책은 저작권법에 의하여 보호를 받는 저작물이므로 무단 전재와 복제를 금합니다.
- 파본은 구입하신 서점에서 교환해 드립니다.